JAJP

JAJP The Japan Association of Jungian Psychology

ユング心理学研究　第11巻

ユング心理学と子ども

日本ユング心理学会
編

創元社

はじめに

田中康裕
京都大学

日本ユング心理学会第 7 回大会が、昨年 6 月 23 日（土）・24 日（日）に東京都千代田区にある連合会館において開催された。大会テーマは「ユング心理学と子ども」であり、本巻の特集は、その延長線上にある。

本学会の会員はすでにご承知のことと思うが、大会初日が奇しくも、河合隼雄先生の 90 回目の誕生日だったことから、「生誕 90 周年記念行事」として、先生とご親交が深く、子どもの視点からの、また子どもに向けた詩を多数発表されている詩人の谷川俊太郎さんをお招きし、本学会常務理事の河合俊雄を聴き手にプレコングレスを開催することができた。その内容は、「谷川俊太郎が語る河合隼雄——子どもってどんなだろう？」として本巻に収録されている（当日は、谷川さんによる詩の朗読もあり、その臨場感、味わい深さ、展開する世界の奥行きにたいへん感動した）。谷川さんのお話からは、谷川さんと河合先生、それぞれがもつ「子ども」性がお二人の交流に一役買っていたことがよくわかるし、工藤直子さんからこの特集にお寄せいただいた「いつか『真珠』を抱けるかな——河合隼雄さんのこと・『こども』のこころ」という素敵なエッセイからは、工藤さんが河合先生とのかかわりでご自分をどのように耕してこられたのか、そして、河合先生がご自身のなかの「子ども」をいかに大事にしておられたのかがよく伝わってくる。

むろん、田熊友紀子による「"子ども" に関するユング心理学の基礎文献」（本巻177頁）に述べられているように、ユングの心理学のなかでも「子ども」は、ある一定の重要な役割を果たしている。ただし、そこでも

取り上げられている全集17巻「人格の発達」所収の論文や、フロイトの精神性的発達とは異なる独自の発達論を展開している論文（全集3巻所収「精神分析の理論」［1913年］）はあったりするが、ユングの心理学においては、それはどちらかと言えば、「子どもイメージとして」であり、「童児元型として」であり、「子ども」をそのタイトルに含んだ数多くの著作を発表された河合隼雄先生とはやや方向性を異にする。弘中正美の「没頭することとプレイセラピー」（本巻13頁）に示されているように、河合先生は実際に、子どものセラピーの事例によくコメントし、セラピーの場で子どもに会われ、それだけでなく、子どものために書かれた本である児童文学を心から愛し、それについて思惟し続けておられたように思う。

　このことを考える時に重要なのは、河合先生がチューリッヒから帰国し、日本にユング心理学やユング派心理療法を導入する際、最初に着手されたのが箱庭療法の導入であったということだろう。リース滝幸子の「子どもとユング心理学」（本巻23頁）の記述からは、先生が帰国された当時の様子がうかがえる。箱庭療法は子どもだけを対象にしたものではないが、日本において、弘中正美やリース滝幸子といったすぐれた箱庭療法、そして遊戯療法の研究者・セラピストが輩出され、箱庭療法が世界で他に類を見ないほど、受け入れられ、発展し、根付いていった背景には、われわれ日本人のなかの「子ども」性、すなわち、言語以前・以外の表現に対する皮膚感覚や直感にも近い感性がかかわっていたように思われる。

　このような「感性」は、ユング心理学を理解する上で、そして何よりも、ユング派心理療法を実践する上で必要不可欠である。日本では、欧米とは異なり、子どものセラピーを行うセラピストの訓練と大人のセラピーを行うセラピストの訓練は明確には区分されておらず、大学院で為されるセラピストの初期訓練において、多くの院生（訓練生）が子どものプレイセラピーを経験する。ユング派心理療法では、クライエントとセラピストの「間」に置かれる、あるいはそこに発生する「第三のもの」として、夢や箱庭、さらには描画等のイメージ表現を重視するが、そのようなセラピストとしての基本的なスタンスを身につけるためには、「プレイ（遊び）」を「第三のもの」とした子どものセラピーの経験は極めて重要である。子ど

もと実際に「プレイ」を介してかかわることを通して、セラピスト側の「言語以前・以外の表現に対する皮膚感覚や直感にも近い感性」を賦活し鍛えることにもなるからだ。

　今ここに述べてきたような意味で、「子ども」は、ユング心理学にとって、ユング派心理療法にとって重要な存在／概念である。そのような「子ども」について、本巻の特集に収められたインタビュー、エッセイ、論考等々から、読者は何を触発され、何を思われるだろうか。ご意見・ご感想等があれば、ぜひお寄せいただきたい。

目 次

はじめに　　　　　　　　　　　　　　　　　　田中康裕　003

特　集

没頭することとプレイセラピー　　　　　　　　弘中正美　013

子どもとユング心理学　　　　　　　　　　リース滝幸子　023

いつか「真珠」を抱けるかな
　──河合隼雄さんのこと・「こども」のこころ　工藤直子　037

谷川俊太郎が語る河合隼雄
　──子どもってどんなだろう？　　　谷川俊太郎・河合俊雄　051

論　文

研究論文

　　おはなしにならない言葉がおはなしになるとき
　　　──統合失調症と診断された人たちと即興で紡ぐ連想物語の考察
　　　　　　　　　　　　　　　　　　　　　　鈴木志乃　069
　　アクティヴ・イマジネーションにおけるイマジナーへの
　　帰責の可能性──ユング心理学における自由意志と主体
　　　　　　　　　　　　　　　　　　　　　　長坂瑞希　093
　　石牟礼道子作『不知火』における救済のイメージについて
　　　　　　　　　　　　　　　　　　　　　奥田智香子　113
　　「信徳丸」にみる青年の個性化過程と観音信仰
　　　──説経節の元型的世界（2）　　　　　　森　文彦　133

印象記

国際分析心理学会関連大会印象記2018　　　　河合俊雄　157
第 5 回 IAAP/IAJS The Joint Conference 2018印象記

　　　　　　　　　　　　　　　　　　　　　　長野真奈　163
第 4 回 ISPDI 大会印象記　　　　　　　　　　竹中菜苗　167
日本ユング心理学会第 7 回大会印象記　　　　城谷仁美　171

文献案内

"子ども" に関するユング心理学の基礎文献　　田熊友紀子　177
海外文献　　　　　　　　　　　　　　　　　　名取琢自　185

日本ユング心理学会　機関誌投稿規定（2018年 9 月16日改訂）

ユング心理学研究　第11巻

ユング心理学と子ども

表紙装画　わたべめぐみ「迷いの森」
装丁　濱崎実幸

特 集

没頭することとプレイセラピー

弘 中 正 美
山王教育研究所

はじめに——心理面接における二つの傾向

　心理臨床の世界ではさまざまな心理療法の流派があり、また個々のセラピストによって、それぞれの考え方、姿勢に基づいた心理面接が試みられている。

　そのようなさまざまな心理面接を極めて大胆に、二つの傾向に分けてみたいと思う。ひとつは、クライエントの主訴や症状などに注目し、現実的な問題状況ができるだけ良い方向に展開していくことを心がけるやり方である。もうひとつは、クライエントの問題状況を——決して無視や軽視するわけではないが——とりあえず脇に置いて、それとは一見関係のないような現象が心理面接のなかで生き生きと展開することに注目し、そのことを通じてクライエントの自己成長・内的課題達成を目指すやり方である。

　誤解がないようにあらかじめ断っておくが、二つのやり方の違いはあくまでも相対的なものであり、実際の心理面接は両者の中間のいずれかのポイントに位置し、個々のセラピストも必要に応じて両者の間を行ったり来たりするのが現実であろう。それでも、二つの傾向の存在を認識することは重要であると思う。とりわけ、本論の主テーマである子どもの心理面接を考える際には、大きな意味を持つ。

現実的問題状況の周りを旋回すること

　二つのうち、流派を超えて圧倒的に多いのは、前者のやり方であろう。認知行動療法であれば、とりわけその傾向が強い。内的ダイナミズムを大

事にする他の心理療法でも、多くはクライエントの現実的問題状況の変化に注目する。面接のはじめに発せられる、「その後いかがですか?」というセラピストの比較的差し障りのない問いかけは、まずは問題状況を尊重しながらクライエントに接するためのごく自然なアプローチである。

　もちろん、クライエントの主訴や症状からいったん離れたやりとりが行われること自体は、心理面接として珍しいことではない。クライエントが最近体験した印象深い出来事や、ふと思い出した過去のエピソードが語られる場合などである。それでも、セラピストは、そうした出来事やエピソードが、クライエントの抱える問題状況とどう関わり合っているのかに細心の注意を払う。そして、クライエントも色々と語った挙句、「だから私は人とうまく関係を結ぶことができないんですよ!」と、まるで回り道をしていたことに気づいたかのように、自分が抱える問題状況に舞い戻ってくる。

　このように、心理面接をするときには、理論的立場や技法の違いを超えて、クライエントが抱える問題状況の周りをぐるぐると旋回することがふつうである。そして、その旋回に十分な時間をかけることを通じて、クライエントが自分にとって必要なことに気づいたり、少しずつ良い方向での認識や行動の修正が可能となったりすると考えることができる。

現実的問題状況をとりあえず脇に置いて何かに没頭すること

　ところが、後者のやり方、すなわちクライエントの現実的問題状況をとりあえず脇に置いて、心理面接のなかで展開する現象にエネルギーを注ぐやり方では、治療のあり様がかなり異なってくる。たとえば、夢を中心に面接を行うならば、クライエントが報告した夢の検討に時間をかける。クライエントの問題状況との関係が分からない不可思議な夢であっても、むしろ、そうであればあるほど、セラピストはその夢そのものに関心を持つであろう。夢がセラピストの好奇心を揺さぶるものであれば、クライエントの現実状況をとりあえず脇に置くことの後ろめたさはどこかに遠ざかることになる。

　似た例であるが、ある成人女性に相互スクィグルをやってもらったとこ

ろ、彼女が夢中になり、そこに表現されることもなかなか印象深いものであった。最初は、クライエントの現実状況に沿った心理面接を考えていたセラピストも、これはもうスクィグルをやるために来談してもらうと考えたほうがよさそうだと覚悟を決めて、「その後いかがですか」的な問いかけを省いてしまい、スクィグル中心の心理面接に切り替えてしまった。

　事例検討会で没頭タイプの事例発表を聞くと、クライエントとセラピストが二人して現実状況から離れたやりとりに夢中になっているうちに、いつの間にかクライエントが立ち直って、面接を終結することがある。何かマジック・ショウを見せられているように感じられたりする。

　河合（1967）が紹介している Lindner, R. の事例も、そのような例である。クライエント（自然科学者）は宇宙をテーマとする明らかな妄想を持っていたが、Lindner がそれを否定して現実に立ち返らせようとしても頑として譲らなかった。ついに Lindner は、その妄想をクライエントと共に語り合う覚悟を決める。その作業が延々と続いたあと、クライエントは妄想から解き放たれ、治療は終結する。ところが実は、クライエントは終結のだいぶ前から自分の語ることが妄想であることに気がついていたのだが、セラピストがあまりに熱心に自分の語る妄想に付き合ってくれるので、しばらくは妄想が続いているふりをしていた、というのである。治療に必要な作業は、まさに二人が妄想について真剣に語り合うことを通じて進んでいたのであろう。

　心理面接のなかで展開する現象に注目するやり方とは、上記のように現実状況ととりあえず関係のない、しかしおそらくクライエントの内界に迫ることができるはずの表現の場をあえて設定し、クライエントにその場に没頭してもらうことである。そして、セラピストとしては自分もその状況に関心を持って没頭しようとするし、そうせざるを得ないぎりぎりの選択を迫られる場合が多いと言えよう。

プレイセラピーにおける遊びの「現実性」

　ところで、すでに述べたように、多くの心理面接は前者のやり方をとり、後者のやり方が中心となって面接が進むことはまれである。クライエント

の現実的問題状況に囚われるだけではいけないと思うセラピストであっても、それを脇に置いてしまうことは、なかなか難しいのが実際だからである。

　しかしながら、子どもの心理面接、いわゆるプレイセラピーでは事態は逆となり、後者のやり方にどっぷりと浸ることのほうが圧倒的に多くなる。そもそも、プレイセラピーのセッションのはじめに、「その後いかがですか？」的な問いかけをするセラピストはいない。その代わりに、「今日は何をしようか？」というのが、セラピストの差し障りのない働きかけとなる。プレイセラピーでは、セラピストは子どもの現実的問題状況をとりあえず脇に置いて子どもと関わっていこうとするのが通常である。

　これには、子どもの現実的問題状況について、子どもと直接やりとりすることが難しいという事情が関係している。子ども担当セラピストは、親面接を介して子どもの現実状況を知ることができる。しかし、プレイセラピーのなかで展開していることがその現実状況とどう関係しているのか、これはなかなか簡単には答えが出ないことなのである。そうなると、セラピストは余計なことを考えずに、目の前で実際に展開している子どもとの遊びに注目することのほうが、何よりも現実的であり、重要となる。プレイセラピーの場合、子どもの日常生活における現実とセラピストとの間で行われる遊びにおける現実の二つの現実が、まるで異次元の状況を呈することがよくある。

　さらにプレイセラピーでは、子ども担当のセラピストが子どもの現実状況をあまり知らないほうが、かえって子どもとの遊びに打ち込むことができる場合が少なくない。親子並行面接における親面接の役割は、子ども担当のセラピストを混乱させるような外からの介入や情報から、プレイセラピーの場を守る防波堤としての役割であると言ってもよい（弘中, 2018）。たとえば、セラピストにとってはとても意味深く思われる遊びが展開している一方において、子どもの日常の様子は周囲の大人から見て必ずしも芳しくない場合がある。そのような状況一つひとつに振り回されていては、セラピストは子どもと安心して遊び、かつ真剣に向き合うことができない。

　ありがたいことに、多くの子どもは、プレイセラピーを本気で遊ぶ場と

認識している。つまりは、自分の問題状況を改善するために心理面接を受けているという意識が欠けている。頭の隅で意識していても、いざ遊びとなると、そんなことを忘れて遊びに打ち込んでしまう。彼らは家や学校での自分について語ろうとしないことが多いし、セラピストもあえて訊こうとはしない。セラピストは現実的問題状況に触れることを回避しているのではなく、もっと別の回路を通じて子どもの自我成長の課題にアプローチしようとしているのである。

化学反応のメタファー

　このようにプレイセラピーでは、現実状況の周りを旋回するやり方ではなく、主訴などをとりあえず脇に置いて、子どもとの間で生じる遊びそのものに可能な限りのエネルギーを投入する方法がとられる。それが治療にどのように役立つのか見当がつかない状態でも、まずはそうしたエネルギー投入が必要なのである。

　このような治療の姿勢は、ユング心理学の治療的アプローチと通底するところがある。ユング派では、心理治療をレトルトあるいはフラスコのなかで行われる化学反応に見立てることがある。クライエントとセラピストの出会い自体が、一種の化学反応と見做される。そのとき、化学反応によってクライエントも変容するが、セラピストもまた変容する。これは、両者が治療状況の渦中に身を投じ、そこで生じることに没頭することを表すメタファーである。セラピストは、化学反応の触媒の役割とその化学反応を維持・継続するための容器（レトルトないしフラスコ）の役割を二重に引き受けていると言ってよいであろう。

　そして、そのようなクライエントとセラピストの濃密な関係は、プレイセラピーにおいて最も典型的な形で表れる。プレイセラピーでは、子どもはただ遊びに没頭する。それが子どもの抱える課題の解決に繋がるのかどうかは、当面脇に置いておくほうがよい。

火を用いた子どものプレイセラピー事例

　本特集は、河合隼雄先生の生誕90年を記念して組まれているので、筆者

が河合先生に見ていただいたことのあるプレイセラピーの事例をここで簡単に紹介しておこう。およそ40年前になるが、名古屋で泊まり込みで行われた事例検討会にゲストとして河合先生が来られた。筆者（セラピスト、以下 Th.）は、少し前に終結したばかりのプレイセラピーの事例を発表した。筆者にとって、河合先生の前で事例を発表する最初の体験であった。

　子どもは当時小学校2年生の男の子で、癲癇の負因を抱えていた。決して悪気はないのだが、衝動的に危険な行動をしては事故を引き起こし、周囲の人たちとの関係を悪くしていた。Th. にとっては、その子は元気の良い、野性味のある「悪ガキ」で、憎めないどころか毎週会うのが楽しみになるような子どもであった。

　プレイセラピーが始まり、当初、子どもの遊びはパワフルではあるが、コントロールを欠いて暴発しがちであった。Th. は子どもの行動をコントロールするつもりはまったくなく、それを自然なものとして受け止めていた。それでも、彼とは多少の約束をした。たとえば、銀玉鉄砲で撃ち合うときに顔を狙うのはやめよう、などである。

　約9か月、21回をかけて終結したその事例のほぼ半ばの第9回のとき、極めて印象深い遊びが展開した。子どもは遊びのなかで、マッチを要求してそれを実際に使った。マッチを用いた必然性の有無についての検討は、ここでは省かせていただく。重要なことは、火を用いた遊びが、最初は森の火事という破壊的な性質のものであったが、次第に宗教的な儀式を思わせるような遊びに変化していったことである。この遊びに子どもは文字通り没頭し、言葉を発することも少なかった。ただただ、夢中になって遊んだのである。遊びには違いないが、どこか厳粛な雰囲気に満ちていた。Th. は、彼がやろうとすることを最後まで貫徹してもらいたいという気持ちでいっぱいであった。

　残り時間が少なくなり、「そろそろ終わりだよ」とセラピストが声をかけると、子どもはすっと立ち上がって、プレイルームのなかにある洗面台へ行き、わざわざ両掌に水を掬って、燃やしたマッチの上にかけた。彼自らが火を消したのであった。この火遊びは、プレイルームに設置された大きな砂場のなかで行われていたので、物理的な意味では何の危険性もなか

った。しかし心理的な意味では、彼自身が火を消すかどうかは極めて大きな問題であると Th. には思われた。Th. は、彼が火を鎮めたと感じ、深い感動を味わった。

この遊びを境に子どもの遊びはどんどんと変わっていき、以後、プレイルームのなかで繰り返し行われる野球に次々とルールが入ってきた。子どもが発するパワフルなエネルギーそのものは変わらないものの、遊びが秩序とまとまりを持ってきたのである。プレイセラピーにおける変化にやや遅れて、日常生活でも子どもはどんどん変わり、行動が落ち着いてきた。驚いたことに、それまで頻発していた癲癇発作が減少した。

この事例発表を、河合先生は畳の上に大の字になって聞いておられた。時に目をつぶっていらっしゃったので、途中、筆者はもしかしたら先生は眠っていらっしゃるのではないかとさえ思った。「先生！　起きていらっしゃるのですか！」と、筆者は声をかけたくなる気持ちに一瞬襲われることがあった。

眠っていらしたか起きていらしたかは定かではないが、発表が終わるや、先生はムクッと身を起こし、いくつかのコメントを述べられ、最後に「これは大変に興味深い事例です。私の弟の逸雄（精神科医）が癲癇の心理療法に関心を持っているので、ぜひ一度彼に見せたらどうですか」と言われた。このことがきっかけとなり、筆者はこの事例を『臨床心理ケース研究』（誠信書房）に投稿し、河合逸雄先生に誌上コメンテーターになっていただいた（弘中, 1983）。日本心理臨床学会が生まれた時期であり、当時、事例検討を行い、事例研究論文を書くことが、心理臨床の世界の大きなうねりとなっていた。

遊びに没頭すること

この事例のテーマは、アグレッシブで衝動的なエネルギーをコントロールすることであった。火を用いた遊びにおいて、子どもは破壊的な火を厳粛で敬虔な祈りを表すような火に変え、最後に自ら鎮火するプロセスを歩んだのである。その結果、子どもは自発的・主体的な意味で自分を律することができるようになった。

しかし、それはあくまでも事後的な解釈である。遊びの渦中にあって、Th. は彼が自分をコントロールできるようになるのが良いとも悪いとも思っていなかった。火が用いられたセッションで言えば、子どもが没頭する遊びを何とか貫徹させたいと願いこそすれ、制限のルールをそのまま機械的に導入する気持ちはまったく起こらなかった。Th. はものすごいことが展開しようとしている予感に圧倒されながら、同時に、それは極めて重要なことであると感じていたからである。子どもは遊びに没頭し、Th. はそれをただ傍観しているのではなく、その遊びを守り、最後まで見届けたいと切に思っていたのである。

　プレイセラピーにおいて、子どもとセラピストが遊びに没頭することを通じて、必要なことが展開するというのは、このような現象である。何よりも大切なことを体験しているのは子ども自身である。そしてセラピストは、何か大切なことが展開していることに対する畏敬の念とも言える感覚に浸ってしまう。後から考えれば、そうした遊びが子どもの抱える課題と関連していることが理解できるとしても、課題の達成を意図してセラピストが子どもをその遊びに誘導するわけではない。

遊びはなぜ治癒をもたらすのか──その条件としての没頭

　プレイセラピーにおいて、遊びがなぜ心理的治癒をもたらすのかについては、まだ十分な議論がなされているとは思われない。Gendlin, E. の「前概念的体験」という概念は、遊びが持つ治療メカニズムを理解するのに役立つ（弘中, 1995）。Gendlin（1961/1981, 1964/1981）の体験過程理論、すなわち言葉でどう表現すればよいか分からないものの、いま明らかに感じ、体験していること（前概念的体験）がクライエントに決定的な変化をもたらす、という治療モデルは、プレイセラピーにこそ典型的に当てはまると思われる。遊びは我を忘れて打ち込むことのできる活動であるが、子どもはそこで説明しようのない、また説明する必要もない、しかし実感のこもった意味のある体験に浸ることができる。遊びがもたらすものは、Gendlin の言う前概念的体験の典型的なものであり、それは子どもを治癒や自我成長に導く性質のものである。

しかし、前概念的体験が生じれば治癒に至るのだとすれば、プレイセラピーは子どもにとって自己完結的なもの、すなわちセラピストを必要としないものとなってしまう。プレイセラピーはそのような短絡的な構造をしているのではなく、大切なのは、セラピストもまた前概念的体験を味わって子どもと関わっていることである。つまりは、両者の間で前概念的レベルでのコミュニケーション（それは共感覚的・間主観的な体験と言ってよいであろう）が生じており、そのことが子どもの体験していることに治癒的な質をもたらす。子どもは、遊びに対するセラピストの適切で支持的な反応によって、自分がやっていることが大切で必要なものであるという確信と安心感を伴う体験を得る。自分が保証されていると感じることができるような体験である。これは、子どもが一人でただ遊びに没頭するだけでは得られない深い質を備えた状況である。このような子どもとセラピストの治療的なコミュニケーションの例としては、積木で作った塔の上に登ろうとする子どもが、セラピストの共感覚的な支持の下で深い自信を得た非言語的なやりとりの事例を挙げることができる（弘中, 2016）。

　没頭タイプの心理治療のメカニズムは、プレイセラピーを念頭に置くと極めて明快に理解することができる。プレイセラピーにおいて、言語的な洞察が伴わないにもかかわらず、クライエントが治っていくことの不思議さに対するひとつの答えは、いま述べたことにある。そして、没頭することは、必要な化学変化が生じるための条件となる現象である。もちろん、セラピストは、その没頭が何か意味のあるものに通じていることについて、何がしかの感覚を働かせていることが求められるであろう。

おわりに

　クライエントとセラピストの交流が没頭タイプとして表れることは、本来、年齢を問わない。しかし、子どものプレイセラピーでは、それが最も典型的な形で表れやすい。クライエントの現実的問題状況からとりあえず離れて何かに没頭する状態に身を置くことは、セラピストとしては、羅針盤を持たずに大洋に乗り出すような不安を抱える一面もある。それがクライエント側の必然性なのか、セラピスト側の必然性なのか、その両者なの

か、何とも言えない。少なくともプレイセラピーでは、そのような現象が
生じる可能性が高いので、セラピストはそのことを覚悟もし、大切にする
ことが肝要かと思われる。

文　献

Gendlin, E.（1961）. Experiencing: A variable in the process of therapeutic change. *American Journal of Psychotherapy*, 15, 233-245.（村瀬孝雄（訳）（1981）．２．体験過程——治療による変化における一変数　体験過程と心理療法Ⅰ　ナツメ社　pp.19-38.）

Gendlin, E.（1964）. A theory of personality change. P. Worchel & D. Byrne（Eds.）, *Personality Change*. New York: John Wiley & Sons, pp.100-148.（村瀬孝雄（訳）（1981）．３．人格変化の一理論　体験過程と心理療法Ⅰ　ナツメ社　pp.39-157.）

弘中正美（1983）．行動のコントロールが効かない子どもの事例——てんかん発作の代理的・象徴的表現を通じて　河合隼雄・佐治守夫・成瀬悟策（編）臨床心理ケース研究5　誠信書房　pp.77-94.

弘中正美（1995）．表現することと心理的治癒　千葉大学教育学部研究紀要, 43(1), 55-65.

弘中正美（2016）．遊びについて　弘中正美（編著）心理臨床における遊び——その意味と活用　遠見書房　pp.11-20.

弘中正美（2018）．遊戯療法における親子並行面接をめぐって　遊戯療法学研究, 17(1), 1-3.

河合隼雄（1967）．ユング心理学入門　培風館

子どもとユング心理学

リース滝幸子
ロスアンゼルス・ユング研究所

はじめに

　私が河合隼雄先生に出会っていなかったら、私のユング心理学はおそらく始まらなかった。私が中学校の養護教諭をしていなかったら、そしてその駆け出しのころに不適格な自分に絶望していなかったら、京都市の教育委員会主催の小中高の先生たちを対象にしたカウンセリング研修会にも行かなかったし、スイスから帰国されたばかりで、その世話人に復帰された河合先生にも出会えなかったと思う。子どもとユング心理学はこんなふうに私の人生に絡まって、深々と織り込まれていった。

　研修会が終わって、私は夢分析を是非受けてみたいと思うようになり、何度か河合先生に私の夢とその連想など記して、お願いした。やっと受け入れてくださったのは1965年の10月半ばで、そのときちょうど京都市美術館でツタンカーメン展が開催されていた。「この墓を暴くものは呪われる」と墓地の入口に銘記されていると聞いた。金のツタンカーメンの像が驚くほど神秘的で、その前に立った時、3000年経ったいまも、若い王の美しく輝かしい面影と対面している思いがした。

　夢分析を始めるにあたって、無意識の閾に踏み入れることへの覚悟について先生とも話し合い、この話題、この墓地の入口のイメージ（写真１）が我々の仕事の出発点であったことを懐かしく思い出す。

　1967年にはカルフさんの研修会が京都であって、誘っていただいた。この時のカルフさんの初対面での印象は私にとっては衝撃的で、女性で心理臨床家であり、母親でもある人を目の当たりにしたのは初めてで、その時、

写真1 墓の入口に銘記された警告（Jung, 1964, p.19より）

私もこの人のようになりたいと思ったのを思い出す。20代後半で自己を模索する中、この出会いは未来を映す鏡を横切った一筋の光だったように思える。

分析を始めて2年目の頃、自分の価値観が妙に反転するのを経験して、ユング心理学とか分析とかを実際に学んでみたい思いに駆られ、8年間の教職に終止符を打つ決心をした。ドイツ語はできなかったので、アメリカであれば知人もいるし何とかなるだろうと気軽に考えてアメリカに来てしまった。

だがアメリカへは来たものの、ロスアンゼルスのユング研究所に入るには条件がいろいろあって、それをクリアするのにずいぶんと時間がかかってしまった。

そしてユング研究所に入って2年目の1985年の秋、山中康裕先生から京都大学心理学科のPsychologia Societyのための執筆をしてみてはというお誘いをいただいた。今まで英語の論文を書いた経験がなく、できるかどうか案じていたが、そんな時、ふと自分の担当しているケースに奇妙なケースがあることに気づいた。そこで、このケースを明かしてみようと思い立ち、承諾する決心をした。

当時、私はロスの公立病院の精神科外来に勤務していて、私の仕事の対象は主に日系人や新一世の人たち、また、公共機関なので、一般の低所得者で慢性の精神疾患を患っている人たちだった。

これは、小学校から依頼された事例で、6年生になる日本人のA子が保健室にきて、フォスターホーム（里親）を探してほしいと養護教諭に訴えてきた珍しいケースである。その理由はと聞くと、再婚した母を毎日包丁で脅して離婚するように迫っているが、A子が母に対して刃物で脅迫する

行為——この行為をしたくないとＡ子が養護教諭に言っているということで、私が家族ぐるみで会うことになった。ところが家族を含めて２、３回の面接を終えたあたりで一気に一件落着し、呆気にとられてしまった。最後の面接で義理のお父さんが「最近、お店を開けたばかりで忙しく」と言いつつ来られた。Ａ子は２歳から母一人子一人で育って、母の再婚で弟が誕生し、弟が２歳半になったいま、この子が活発にＡ子の部屋に出入りしはじめ、実感として、自分の居場所への喪失感が募っている様子であった。Ａ子は元通りの生活に戻りたいと考えている。両親はこんな危険な行動をとる子は、このままにはできないので、日本の祖母に引き取ってもらう所存だと言われた。私は、アメリカではこういう場合は本人や周りの安全確保のために強制入院して保護観察を受ける可能性もあると知らせ、次週に予約を入れた。私はＡ子のフォスターホーム行きの案や、即、援助を求める行動力に感心した。ところが次回の面接は音沙汰なし。連絡先に電話をすると、父親は「もう大丈夫ですので」と言われた。話を聞くと「Ａ子に、『うちの子を精神病院に入れるようなことはしません。そんなことしたら、この子の一生が台無しや』と言ってやりました」ときっぱり言われた。Ａ子はこの「うちの子」という一言で、新しい父親に家族の一人としてしっかり抱えられた自分を感じたと思う。１歳で父を亡くしている彼女にとっては、初めての父親体験であったろう。

呆気ない急な展開と「児やらい」

　私は、一体何がこの背後にあったのか、何が危機をはらみ、傾いた天秤をピーンと均衡にさせたのかを見定めたい好奇心にかられ、論文は、これを納得しようと試みるうちに、次々と現れた材料をつなぎ合わせたものになった。おかげで私の知らなかった日本文化の中で巧妙に仕組まれた先人の知恵の一つ「児やらい」（大藤, 1967）に出会い、しかもそれは日本の心性、深層心理を特徴づける習慣であることを知るに至った。ところが最近は、それが時代の精神にそぐわないのか、著者、大藤ゆきの研究の真相には触れずに「児やらい」が扱われているのに驚かされた。児やらいの「やらい」は追い払うという意味であるが、これは子どもを追い払うのではな

く、子どもの生来の並外れた特徴が子ども自身、また、家族、親族、村全体の平穏を揺るがすのを恐れて、その属性を追い払おうとするものである。そのための手順として、あらかじめ計画された仮親、拾い親を立て、いったんは生みの親が子を手放し、新しい命として仮親から自分の子を取り戻す。その子の運を左右している出生の日時をこの操作で新たにする仕組みである。

　現状はそのままであるが、新たなレベルの意識、超越性によって今までの切羽詰まった状況の枠が外れる。新たな入れ物に入った瞬間に新しい希望が湧き、以前の緊迫感は姿を消す。親も子も前と同じであるのに、新しい意識で、その場の関係性は一変したと言える。

　2006年に京都大学に滞在していた時、自分の叔父は「児やらい」の経験があると話をしてくれた人がいた。現在の大都市での話である。

　「児やらい」はユダヤ、キリスト教圏の厄払いの方法とは対照的で、ヘブライのヨム・キプル（Yom Kippur）の儀式では2匹の雄羊の1匹を神に捧げ、病や禍を背負わされた羊は砂漠に追いやった。英語の solution、「解決する」は分けることによって成される（Taki Reece, 1987, 2013）。

　私にはこの創作活動の過程がユング心理学を理解する上で、納得のいく経験になった。創造性はこんなふうに好奇心から自然に引き出される。材料は共時性の恵みという感じで、集まったものを私はただ調理すればよかった。無意識が活性化されて、あらゆる脳内のリンクが連動し、何かと何かが時空を超えて吸着するような、想定外の材料がスイスイと立ち現れる、不思議なプロセスだった。創造的な仕事に必須とされる、意図的な作業をしていない時に活動している脳内のネットワーク、デフォルト・モード・ネットワークが絡んでいるのだろうか。

ユング心理学が取り上げる「子ども」について

　臨床で見る子どもの話に関連して、ユング心理学が「子ども」を象徴的に見ていることを話さなければならない。創造性、可能性、全体性、セルフのイメージなどが挙げられるが、私の印象に新しいのは、たまたま "The Book of Symbols"（2010）で見たイメージで、火花の中に鎮座している赤

ちゃん、"Night-Thoughts on Life, Death & Immortality"のウィリアム・ブレイクによる挿絵であった（写真2）。

この火花のジグザグの矢の先の丸いところは、私が子どもの頃に暗闇で見た線香花火の玉のような感じで、その丸の真ん中に可愛いらしい赤ちゃんが光輝いている。線香花火の玉をじっと見つめて、落とさないように、息を凝らして花火の軸を摘んでいたことを思い出す。

この「火花」の象徴するものについての記述は、新しい発明、科学的な発見、芸術的な制作、それに世界を組み換えるほどの革命などが列挙されている。

写真2

私にとって、火花の中の赤ちゃんを授かった経験は、1994年のノースリッジ地震の際に6歳の子どもの箱庭制作に立ち会った時のものである。その箱庭は三つでひと続きのものであった。その10年後、たまたまこのクライエントから得たフィードバックによれば、その時の地震は覚えているが、箱庭についてはまったく覚えがないという。ということは、あの作品は危機に瀕した子どもの無意識が放った火花、元型そのもののようで、意識化されずとも、セルフがもたらした完全な自己治癒の証である。彼の意識界にはその記憶は刻まれていない。情緒の統制、不眠や恐怖を一発で完全に覆した症例と言える。一回のセッションで三つの箱庭を作った後、彼の地震再来の恐怖、不眠、いらだちが完全に消失した。この三つの表出されたイメージを見ると、彼の五臓六腑が各々の部門で指令を発信して、そのすべての部分が連携したかのようである。心と身体の連携のリアルタイムのイメージである。箱庭1は「魂消る」で体外に飛び出した魂（飛行するもの）が身体（建物）に着地を試みている。箱庭2では1にあった亀裂に橋をかけ、センターでは四つの救助車（自我の救援の意図を支える機能）を旋回させ、心の中の飛び散り散乱しているもろもろをまとめ上げ、練り固める。これで気持ちは治った。「これで、何が

写真3　箱庭1

写真4　箱庭2

写真5　箱庭3

写真6　箱庭4

子どもとユング心理学 | 029

写真7

写真8　炎の中のサラマンダー（Jung, 1968, p.277より fig.138）

あっても準備はできている」と彼に言わせている。箱庭3は治った後に現れる深層の変化である。突然にセンターに天を衝く柱がマウンド、盛り土上に建てられた。これは恐怖を克服する新しい人格の誕生を意味し、彼は母親に「もうアポイントメントはいらない」と宣言した。箱庭4は彼のそ

の時の平常心、全体性をイメージしている。

　火花の中にいる赤ちゃんについて、新たな発見をしたり、芸術的な創作などを重ねて想像していると、サラマンダーが火中にのんびりしているメキシコの小さい置物（写真7）に気づいた。それは錬金術にあるイメージ（写真8）、すなわち火を本性にもつサラマンダー（山椒魚）が炎の中で、ゆったりとしている姿にあまりにも似ているのではないか、ということで、またまた、火花についての連想を重ねることになる。

昔話と子ども

　『日本昔話大成』第11巻の資料篇（関, 1980）を見ると、子どもに関する話の多くは老夫婦に子どもがなくて、神（観音、氏神、薬師）に祈願して子を授かろうというものであった。しかもその子どもは、ちっちゃい一寸足らずでも田螺や蛙であってもいいと願っている。時にはその子が母のすねや親指などから産まれるのも多くあった。すねからというのが幾例もあり、すねって何だろうと思う。すねはぶつけるとひどく痛いところで、武道や球技などではすね当てをつけて防御している。すねは痛みを感じ、痛みを知るところでもある。そして、すねに力を入れるとしっかり立ち上がることができる。そんなすねから産まれる、尋常でない子を神から授かる話が多くあった。

　鹿児島県ではこういう話をする時は「むかしむかしそのむかし、あったかねかったか知らんどん、あったつもりで聞ってくれ」と始めるそうである。そんな非科学的ないい加減な話は聞く耳持たぬと思う人も多いことだろう。ところがその理にかなわない話に耳を閉ざしていると、妙なことに、生きることのバランスを崩したように、毎日が虚しいと訴える人がセラピーにやって来るのは珍しくない。

　昔話は子どもばかりでなく、大人も含めてそれを聞いていた。人は、知らぬ間にその主人公や物語の状況に我を忘れてのめり込んでいく。こんな変な昔話を聞くときにも、この寸足らずの子どもに、つい心が動かされる。何度聞いても、なぜか初めて聞くように聞き入ってしまう。心の奥のどこかがわさわさするからか、懐かしい思いに浸って心が和むからか、そのひ

ととときに浸ってしまう。何とはなしに、癒されるひとときなのかもしれない。

田螺息子

　ここで、昔話をユング心理学の観点から探ってみたい。フォン・フランツは、昔話は人類共通に心の深層にあって、元型的で個人的なものではないと言う。でもあえて、これを私が見た夢として考えるとどうであろうか？　夢に見た「田螺息子」（関, 1980）を私の深層のドラマとして見てみたい。仮に「私」は中年以降の人としよう。心の中に爺婆という情熱も薄れ、生きる意欲もわずか、「まあ、どうでもいい」と思う私がいる。そんな私が、命あるものであれば、ちっちゃくても、田螺や蛙でもいいから子どもを授かりたいと祈願している。すると、ある日、夢でとうとう田螺が婆さんのすねから産まれて子を授かった。今で言う、私の「内なる子」、「インナー チャイルド」である。心理的に言えば、この田螺息子は一体どんな子だろう。私が４歳くらいの時にお気に入りだった絵本の挿絵を思い出す。「やっかい、もっかい、シジミっ貝」の童謡で、シジミの子は夕暮れの街灯の下で一人迷子になって泣いていた。人の目に触れず、自分でさえ忘れかけていた、寂しく殻に閉じこもった私だろうか。

「喜劇『病は気から』～高齢者700人の挑戦～」

　偶然にも、先日、NHK の BS１スペシャルを観て、その700人の高齢者全員を舞台にあげるという前代未聞の演出に感激した。その役者の一人が話された言葉が、「私の田螺の子」の経験ではないかと思われて、印象に残っている。その方は、「小学校の先生に『あなたは学校のコンテストでは絶対に歌わないように』と言いつけられ、数十年経った今でも、歌おうとするとまったく声が出ない」と、その苦しい様子を訴えておられた。そして、こんな自分の苦しさを子どもたちに与えないようにしたいと教職に就かれたという。親や先生、他人から、例えば、歌ったり、絵を描いたり、発言したりする自己表現の数々について受けた酷い批判で命が萎えてしまい、傷ついて、心の片隅で、泣きくたびれて、黙ってひっそり佇んでいる

迷子。痛手を負ってどん底にいる内なる子。そんな私に優しい眼差しを向け、声をかけてあげよう。手を差し伸べて、暖かい息吹をかけてあげよう。そうすれば、次第に他人から受けた暴言をねじ伏せるだけの、払いのけるだけの知恵と強さ（すね生まれだぜ、田螺根性だ）を育てる助けになるだろう。授かった子はしっかり栄養分を与えて育てなければならない。その子の話にじっくり耳を傾けてみよう。

　昔話に戻ろう。田螺息子は老夫婦に大切に可愛がって育てられるが、爺さんが、手伝いがなくって困ると呟くと、この息子は「大声」で自分の存在を知らせて、爺さんの商売を手伝う。それが長者に珍しがられ、そこでごちそうになる。その食膳は知らない間にすっかり平らげられているという。彼は「大食い」でもある。長者宅で田螺息子は長者の娘の一番の器量良しで気立てのいい娘を見初めて、嫁にしたいと爺さんに告げる。手に入れるための手段は、頭が鋭く、ずる賢く、すばしっこいギリシャ神話のヘルメス^{注1}並で、田螺息子は賢いトリックスターでもあった。そして、上手く長者の娘を嫁にする。春の祭りの日に、嫁の髪に簪みたいに止めてもらってお詣りに行くが、カラスに啄まれて田んぼに落ちてしまった。嫁さんが「夫さま」と田んぼをのぞいてみると、春の田んぼには田螺が「ぞよめいていて」、「夫さま」がどれだかわからない。途方に暮れた嫁さんが大声でおいおいと泣いて目を泣き腫らしていると、後ろから「何を泣いていますか？」と声をかけた者がある。「ありゃっ」と思って振り向くと、そこには立派な若者が立っていた。彼は、嫁さんがよくしてくれたその貞節で、自分は初めて人の性に戻った、カラスとみえたのは実は水神さまの使いであったと話した。ここで長者は娘が水神さまの申し子に嫁いだのを知って、二人のために、もう一度輿入れのやり直しを決行。二人の生活には金銀が溢れ、ところ切っての長者になり、田螺の長者さまと崇められるようになったとさ。

　と、ここで話は終わっていて、爺さん婆さんのことは語られていない。爺さんと婆さんは若夫婦と豊かな生活を共にしたのであろうか。それとも、話の切り出しの爺婆の重要性はすっかりなくなり、主題は題名通り、田螺息子の若夫婦の話に収まったということか。

最初の結婚は、田螺と長者の娘が結ばれるが、その結婚は当然離別の羽目に陥る。この別れで嫁は「夫さま」を失って、悲しみに打ちひしがれ、彼女の涙がこれまでの貞節の証として、田螺に人の性をもたらす結果になる。ここで初めて人間同士の、本物の、二度目の式を挙げることになる。河合（2002）は『昔話と日本人の心』の中で、炭焼長者の話で再婚のテーマが意味深いことに言及している。炭焼長者の女性は、「意志する女性」として結婚も離婚も彼女一人の判断と行動力でなされたが、この嫁は「意志する女性」と違い、「夫さま」に見初められ、おそらく大きな決意をして、この結婚を承諾したであろう。また、父親が二度目の式を挙げてくれる。いかにも受け身で生きている女性のようであるが、彼女の実際の強さは外的な行動に現れないところにあるように思われる。

　彼女の生活を想像してみよう。彼女は嫁入りしてから田螺姿の「夫さま」の声を毎日聞いているし、爺さんを手伝って商売することも知っている。そして食事を整えるといつの間にか平らげる大食いであることでも手応えを感じている。おそらく毎日を新妻として、いそいそと過ごしていたかと思える。きっと「夫さま」への愛着も湧いて、お詣りにも晴れ着に着替えて楽しく出かけたことだろう。彼女は目利きの田螺息子が見初めただけの、心の優しい女性で、夫を大事にし、愛することができる人である。この女性は自分が意志するというよりは、近くにいる人が心を動かされて、ことが成就されていく。周りを一緒に幸せにする、そんな内なる影響力を持っている女性。日本人の心の深層にある「力のある女性」像のように思われる。豊かな受動性が能動性を誘い出す。天秤が自然と傾く。そして、お話の結末では、金銭的に豊かになり、人々から尊敬されて、質的、量的共に豊かな暮らしになる。心理的にこの結婚を見てみると、私の中の爺婆が懇願した子ども、言い換えれば新しい全体性、将来性を授かって、それをじっくり育てることで、気づいてみると、この若い夫婦が立ち現れてくる。もとの爺婆の姿は消えて、私の深層には、新しい男女の意識が目覚めている。老人の意識、子どもの意識、男の意識、女の意識、それぞれが話の中で活性化されて、全体が豊かになっている。

　「喜劇『病は気から』〜高齢者700人の挑戦〜」の演出家、ノゾエ征爾氏

の仕事ぶりを見て、彼の自由で柔軟な姿勢とその才能、700人の応募者を前にして、断るではなく、その全員にセリフを振り分けるという奇想天外な方法で、高齢者の切なる気持ちを一滴もこぼさず受けて立つ、彼の柔軟な包容力には圧倒され、また安堵する思いであった。演劇にはまったく素人の総勢がドラマを結実させるために、噛み砕き、きめ細かい指導に工夫を凝らしておられた。本番のクライマックスには感激した。あの声が出なかった女性が大合唱で涙して歌っておられた。私の中の迷子になったシジミの子にこんなふうに援助できれば、きっとしっかりと自分の道を見つけることができるのでは、と思う。

　この番組の企画はまるで、昔話のように私に夢を与えてくれた。そしてこの演出家が見せてくれた未知の喜劇へのアプローチは、彼曰く「気がつくと、気がつくと、気がつくと」というふうな流れで構築されていったそうである。

　このアプローチに見るように、日本人の心性の「力ある女性」の意識と田螺息子の豊かな才能（コミュニケーション）と魅力ある男の意識を兼ね備えた新たな意識を想うと、これからの世界をつなぐ大きな将来性が期待できるように思える。

注

1　ヘルメスはギリシャ神話の神で、商業、旅人、牧畜の神。コミュニケーションと情報文化の英雄、盗人であることでも知られている。

文　献

Archive for Research in Archetypal Symbolism（2010）. *The Book of Symbols: Reflections on Archetypal Images.* Los Angeles: Taschen, p.87.

Jung, C. G.（1964）. *Man and His Symbols.* New York: Doubleday, p.19.

Jung, C. G.（1968）. Psychology and Alchemy. *Collected Works of C. G. Jung,* vol. 12, p.277.

河合隼雄（2002）. 昔話と日本人の心　岩波書店　p.292.

河合隼雄・日本心理臨床学会・日本臨床心理士会（1995）. 心を蘇らせる——こころの傷を癒すこれからの災害カウンセリング　講談社　pp.104-105.

大藤ゆき（1967）．児やらい　岩崎美術社

関敬吾（編）（1980）．日本昔話大成　第11巻　資料篇　角川書店

関敬吾（編）（1980）．日本昔話集成　第3巻　角川書店

Taki Reece, S. (1987). Redemption and renewal motifs in the Japanese psyche: Adaptation and an individuation process for the development of self-identity. *Psychologia*, 30(3), 166–178.

Taki Reece, S. (2013). Redemption and renewal motifs in the Japanese psyche. 遊戯療法学研究, 12, 91–102.

いつか「真珠」を抱けるかな

河合隼雄さんのこと・「こども」のこころ

工藤直子

詩人

「河合隼雄」さんのこと

ナニになりたかったのか

1950年代のはじめ、私は高校2年生でした。

ある日、国語の時間に先生が、君たちも、そろそろ将来を考えてみよう、と作文を課しました。テーマは「将来、私は、ナニになっている?」。

うーんなんだろう? 私は考えこみ、興味のある仕事を、みっつ選びました。

1)考古学者、2)心理学者、そして3)美容師。

選んでおいて、びっくりしました(へえ、私は、こういう世界に興味あるんだ)。

自分で自分に驚いたので、それらの世界はどういう世界なんだろう、と図書館で関係する本を読んだり、調べたりしました。

・考古学＝面白い世界だがムリ。整理整頓すらできない私は、すぐ挫折だ。

・心理学＝そのころ、フロイトという名前は「しんりがく」を知らない高校生の私でも知っていました。が、ユングという名前は初耳で、図書館の本はフロイトばかりでした。読んで……(フロイトさん、よくわからないなあ)。

心理学もあきらめました。

・美容師＝なぜ、惹かれたのか、今は記憶がない。そのうち自然消滅しました。

なぜ心理学、考古学？　たぶん「みえないこころ」とか「みえない大昔」など、「みえない」ものを、さぐりたいという気持ちがあったのだろう、と今は思っています。

対談する河合さんと谷川さん

それから20数年。高校卒業→大学卒業→広告代理店→フリー編集者……とシッチャカメッチャカに過ごしており、そんなとき出会ったのが『魂にメスはいらない』（朝日出版社, 1979年／講談社＋α文庫, 1993年）という対談の本です。河合隼雄さんと谷川俊太郎さんの対談。

私は、1962年頃から、小遣いを貯めては何冊か小さな詩の本をつくっていたので、谷川俊太郎というお名前を知っており、詩を好きで読んでいました。

が、「河合隼雄」というお名前には、この本で初めて出会います。そして、本のサブタイトルに「ユング心理学講義」とあったので、心理学の先生だと知り、あの高校時代の興味につながりました。

強烈な読後感

そして、読んで強く惹かれ、以後、手元に置いて、今に至るまで、繰り返し読む本となりました。なかでも、冒頭のお二人の対話は強烈で忘れられません。

対談は谷川さんが、河合さんに「できれば子供時代の話から伺いたい」と語りかけるところから始まります。河合さんは、こう答えます。

「私の場合、一番中心にあるのは死の問題だと思います。それは小さいときから強くありました。自分ではそれほど記憶がないんですが、私が五歳のときに弟が亡くなっているんです。そのときにものすごく悲しんだそうで、弟を捨てるなと非常にがんばったらしいんです。…（中略）…それだけが原因というんじゃなくて、もともとぼくは小さいときから死のことを

考えていたようです。幼稚園のときには、もう非常にはっきりした死の不
安とか、死の恐怖とかがありました。それがこういう仕事をやっているこ
との中核にあるんじゃないでしょうか。それもまず自分の死の不安で、不
思議なことには自分の両親の死のことはほとんど考えないんです。」（講談
社＋α文庫, pp.17-18）。

　ガン！となりました（私もそうだった！　そしてそれは「人に言えない
ヒミツ」だった）。4歳の頃から「死の恐怖」は始まり、以来、自分のテー
マになり、紆余曲折を経て今に至っています。
　そしてまたガン！となったのは、次の谷川さんの言葉です。

「子供というのは、多かれ少なかれ死ぬということへの恐怖をみんな感じ
るんだろうと思うんですが、ぼくの場合、河合さんと対照的なのは、自分
自身の死の恐怖はほとんどなかったんですね。ぼくはひとりっ子の上、父
親は仕事を持っていてほとんどかまってくれなかったので、大変なお母さ
ん子だったんです。それで、ぼくの小さなころの最大の死の恐怖は、母が
死んだらどうしようということだったんですね」（同書, p.18）。

　え？　他人の死？　愛する母の死？　自分の死のことしか念頭になかっ
た私は驚きました（死に関する話をする機会がいろいろあった今では、この
ように、さまざまな死の不安のありようがあるのだなあ、と思っています）。
　そして、この本によって「ユング心理学」についての興味が改めて湧き、
もっと学びたいものだ、と思うようになりました。

「てつがく」するライオン……のおかげかな
　1981年、自家版詩集は5〜6冊に増え、面白がってくれる友人たちも増
え、知らない方々もヒイキしてくれるようになりました。
　そんなころ、河合隼雄さんとのご縁が始まりました。河合さんが「子ど
もの世界」に関わるキッカケとなった『飛ぶ教室』（光村図書出版）とい
う季刊誌の編集に参加されたのです。その間の様子を、河合さんはこう述

べています。

「一九八一年に季刊誌『飛ぶ教室』が発刊されることになり、編集人の石森延男、今江祥智、尾崎秀樹、栗原一登、坂田寛夫の皆さんに混って、児童文学の門外漢にもかかわらず今江さんの推薦で加えていただくことになった。これまではいわゆる学者とのつき合いは多くあったが、このようにして創作する人たちとつき合うことができるようになったのは、私にとってまことに楽しいことであった」（『〈子どもとファンタジー〉コレクションⅠ　子どもの本を読む』（河合俊雄編, 岩波現代文庫, 2013年）の冒頭「児童文学とたましい」より）

　この『飛ぶ教室』に、私も関わることができました。
　その経緯は、こんなアンバイです。

「（前略）…季刊誌『飛ぶ教室』を創刊しようという企画があり、その広報のための『創刊０号』を創ろうということになった。そのときに長（編集注：長新太）さんが『てつがくのライオン』を描こうと申し出てくださったのだそうだ」（『てつがくのライオン』（復刊ドットコム, 2014年）あとがき「長 新太さんのライオン」より）

　河合さんは『てつがくのライオン』を読んで、おもしろい、とニコニコしてくださり、そこからご縁が始まりました。
　……いやぁ、てつがくするライオンくんのおかげです……。
　というわけで、河合さんはどんなライオンくんを面白がってくださったのか、「てつがくのライオン」の話をご紹介しますね。

てつがくのライオン

　ライオンは「てつがく」が気に入っている。

いつか「真珠」を抱けるかな 041

かたつむりが、ライオンというのは、けものの王で
哲学的なようすをしているものだと教えてくれたからだ。

きょうライオンは「てつがくてき」になろうと思った。
哲学というのは、すわりかたから工夫したほうがよいと思われるので、
尾を右にまるめて腹ばいにすわり、まえあしを重ねてそろえた。
首をのばし、右ななめ上をむいた。
尾のまるめぐあいからして、そのほうがよい。
尾が右で顔が左をむいたら、でれりとしてしまう。

ライオンが顔をむけた先に、草原がつづき、木がいっぽんはえていた。
ライオンは、その木のこずえをみつめた。
こずえの葉は風に吹かれてゆれた。ライオンのたてがみも、ときどき
ゆれた。
(だれか来てくれるといいな。「なにしてるの？」と聞いたら
「てつがくしてるの」って答えるんだ)
ライオンは、横目で、だれか来るのを見はりながらじっとしていたが
だれも来なかった。

日が暮れた。ライオンは肩がこっておなかがすいた。
(てつがくは肩がこるな。おなかがすくと、てつがくはだめだな)
きょうは「てつがく」はおわりにして、かたつむりのところへ行こう
と思った。

「やあ、かたつむり。ぼくはきょう、てつがくだった」
「やあ、ライオン。それはよかった。で、どんなだった？」
「うん。こんなだった」
ライオンは、てつがくをやったときのようすをしてみせた。
さっきと同じように首をのばして右ななめ上をみると、
そこには夕焼けの空があった。

「あゝ、なんていいのだろう。ライオン、
あんたの哲学は、とても美しくてとてもりっぱ」
「そう？…とても…何だって？　もういちど言ってくれない？」
「うん。とても美しくて、とてもりっぱ」
「そう。ぼくのてつがくは、とても美しくて、とてもりっぱなの？
ありがとう、かたつむり」
ライオンは肩こりもおなかすきも忘れて、
じっとてつがくになっていた。

「心理学」を学ぼうとしたこと

　さて、哲学するライオンのおかげで、その後、河合さんにお目にかかったり、自分の詩集をお送りして読んでいただいたり、折にふれ、ユング心理学の話を伺ったりする機会が増えました。そして、そのうち、もっと心理学を知りたい、と思うようになりました。

　というわけで、大学に入り直して勉強しようか、などと思っていたら、「ユングを知るのなら、教育分析を受けるといいかもしれませんね」と言われました。

「ぜひ受けたいです！」

「う〜む。しかし、時間と受講料がかかりますよ（笑）」

「がんばって、おかねと時間をつくります！　受ける体力も鍛えます（笑）」

　……思えばそのころ私は50代、「向こう見ず・好奇心・熱心」が、たっぷりありました。

　そのあと……たぶん8か月後くらいだと思いますが……仕事を1年ほどやめてもいいように手配し、受講料もがんばって貯めました。

　そして、河合さんに「いつでもオーケーです。教育分析、受けさせてください」と申し上げました。

いつか「真珠」を抱けるかな | 043

伊豆高原の私の家に大勢集まって、よく河合さんのフルートを聞きました。
私のハープはじつにヘタクソ（！）でしたが。

「…………」
「え？　え？」
　河合さんは、その後（しーん）。返事をくださらない。

（どうされたんだろう？）

　で、1か月後くらいに、やっと返事をくださいました。

「熟考しました。教育分析は、おやめなさい」

「え？　え？」であります。

「あなたは、詩や物語などを書き続けなさい」

　心理を「学問する」より、詩や物語を「書き続ける」ほうが、私にとっては、より「こころ」の問題に近づく、ということをおっしゃってくださったんだと思います。

　そのときは、教育分析を受けたくて、「でも！　でも！」と押し問答したのですが、キッパリ「いいえ！」と、押し返されました（笑）。……いま、そのように、方向を示していただいたこと、嬉しかったとつくづく思っています。

子どもの心と、たくさん出会った

　河合さんに方向を示していただいて、その後、詩や物語をいっぱい書きました。ほとんどは、子どもたちが楽しんでくれる詩や物語です。

　そのおかげで、たくさんの「子どものこころ」に会えました。そんな子どもたちのこころに、彼らが書いた「うた」を通して出会ってください。

「こんなの、つくったよ」といっぱい「うた」が

　私の作品のなかで、最も子どもたちに親しまれているのは『のはらうた』です。1984年から今にいたるまで、ざっと35年、書きつづけています。

　どんな本かって？　『のはらうたⅠ』（童話屋, 1984年）の「まえがき」──「のはらうた」のできたわけをご紹介します。

　　　あるひ　のはらむらを　さんぽしていますと、かぜみつるくんが

みみもとを　とおりぬけていきました。とおりぬけながら　はなして
くれたことばが、うたのようでした。
「まるで　うたみたい」
「そうかいそうかい」
「かきとめておこうか」
「たのむぜ」
かぜは　そういって、やまのほうへ　はしっていきました。
　あるひ　やぶのなかで　こしをおろしていますと、だれかが　スカ
ートをひっぱるので、だれかとおもったら　こねずみしゅんくんです。
　どんぐりをかかえて、うたを　うたってくれます。
「かきとめておこうか」
「うん、おねがい」
　こねずみは　そういって、やぶのなかを　はしっていきました。
　のはらむらのみんなが　しゃべるたびに、うたうたびに、わたしは
それを　かきとめました。
　そのうたが　たまって　ほんになったのが、「のはらうた」です。
（後略）

　つまり、『のはらうた』は、「にんげんの詩」ではなく、たとえば「かぜ
みつる」という名前の風や、「こねずみしゅん」という名前の野ねずみ、
そのほか「ふくろうげんぞう」「かまきりりゅうじ」「わたぐもまさる」……
なんて仲間がいて、彼らが書いた「うた」という設定です。それも、全部
「ひらがな」で、ね。

　たとえば、こねずみくんは「どんぐり」といううたをつくりました。

　　どんぐりが　ぽとぽとり
　　やぶのなか　ころころり
　　のねずみが　ちろちろり
　　おいしいぞ　かりこりり

『子どもがつくる　のはらうた』

　2005年から2007年、朝日小学生新聞・童話屋主催、朝日新聞後援で、全国の小学校のみんなのうたを募集しました。子どもたちは、面白がって、毎年2万編を超えるうたを送ってくれました（私はがんばって全部読みましたよ！）。

　そのうたの一部が『子どもがつくる　のはらうた』（1〜3，童話屋，2006〜2008年）という本になりました。

　「子ども」について考えを述べるより、送られてきた子どもたちのうたを読んでいただくほうが、彼らの心がジンジン響くと思いますので、それを何編かご紹介しますね。

　　　　あめのひ　かたつむりでんきちろう

　　　ぼくのがっこうはね
　　　あじさいのいちばんおおきな
　　　はっぱのうえ
　　　ほら　ちょうどいま
　　　あまぐもがうえでまっている　あそこ
　　　かいがららんどせる、おもくない？
　　　ちょっとだけおもたいけど
　　　ゆっくりいくから、だいじょうぶ。
　　　（1年生／授賞の席に、大好きなカタツムリのカゴを、大切に持ってきました）

　　　け　けむしすけけいご

　けけけけけけけけけけけけけけけけけけけけ
　けけけけけけけけけけけけけけけけけけけけ
　けけけけけけけけけけけけけけけけけけけけ
　けけけけけけけけけけけけけけけけけけけけ

けけけけけけけけけけけけけけけけけけけけけ
けけけけけけけけけけけけけけけけけけけけけ
けけけけけけけけけけけけけけけけけけけけけ
けけけけけけけけけけけけけけけけけけけけけ
けけけけけけけけけけけけけけけけけけけけけ
けけけけけけけけけけけけけけけけけけけけけ
けけけけけけけけけけけけけけけけけけけけけ
けけけけけけけけけけけけけけけけけけけけけ
けけけけけけけけけけけけけけけけけけけけけ
けけけけけけけけけけけけけけけけけけけけけ
けけけけけけけけけけけけけけけけけけけけけ
けけけけけけけけけけけけけけけけけけけけけ
けけけけけけけけけけけけけけけけけけけけけ
けけけけけけけけけけけけけけけけけけけけけ
けけけけけけけけけけけけけけけけけけけけけ
このくらい　ぼくのけは　いっぱい
（1年生／400字詰原稿用紙いっぱいに「け」を書いていた。笑っちゃった）

にょろにょろ　なめくじにょろ

みんなは
ぼくのこと
にょろにょろしてきもちわるい
っていうんだ

でも
ぼくは
にょろにょろしてきもちいいんだ
（1年生／この発想は、オトナになったら忘れてしまう。子どもはす

ごい）

ビーダマ　ちきゅうまるお

あおとみどりの　まざったビーダマ
みんなにとっては　おおきいけれど
うちゅうにとっては　ちいさいビーダマ
あおと　みどりの　まざったビーダマ
（３年生／ビーダマと、地球を楽々と一緒に！　そしてでっかい宇宙
へ！）

ひとり　せみがらぬけた

ぼくの中の
ぼくは
ぼくをぬけて
ぼくをおいて
いっちゃった。
・・・なんだか
さみしいなぁ。
（６年生／セミとセミガラの対比……もう「てつがく」です）

せみおの日記　　せみすすむ

７月21日　地面から出た
７月22日　人間の子どもにつかまえられた
７月23日　虫カゴの中はせまい
７月24日　にがしてもらった
７月25日　たくさんないてたのしかった
７月26日　たのしかった

7月27日　今日まで、たのしかった…
（6年生／これもセミ。これを朗読すると、オトナたちは涙ぐみます）

そして『こころの天気図』を

　教育分析をやめることになって、しょんぼりしていたせいか、河合さんは「聞き書き」に応じてくださいました。その聞き書きは、1987年から1989年、毎日新聞の月1回発行の女性を対象にした紙面「はないちもんめ」に連載し、その後、『こころの天気図』という単行本になりました（毎日新聞社,1990年／新版としてPHP研究所,2015年）。
　この本は、前述の『魂にメスはいらない』とともに、いつもそばに置き、たえずページを開く本になりました。
　なかでも「秘密」に関しての話のときの言葉は、こころに沁みました。

いろんなところで「フルート＋講演」をしました。私は小型ハープをかついでいきました。

「秘密」って、「隠している」だけで、つらい。こころのなかに、人に見せたくないゴミ箱を抱えているようで、しんどい。河合さんは、こう語ります。

「秘密というのは、人をものすごく鍛えますね。グラインダーや、みがき砂のようなものです」（PHP研究所, p.156）と語ったあと、「真珠が生まれる可能性」というサブタイトルで、こう語ります。

「秘密を、みがき砂にたとえましたけど、これは、真珠貝と言ったほうが、ぴったりしますね。

秘密は、貝の中に投げこまれた石みたいなものだと言えます。貝（人間）にとっては、石（秘密）は異物だけれども、それを、ずーっと包んでいくことで真珠が出来あがる。石がない人は、真珠もできない、ただの貝（笑）。

しかし、石が大きすぎると、真珠も出来ず貝もこわれる。──素晴らしい真珠を生むかも知れないし、深い傷を負うかも知れない──そのところを了解しつつ、我々は、自分の秘密とつきあっていくんじゃないでしょうか」（pp.162-163）。

この例えは、深くこころに沁みました。「ゴミ箱を抱えているような」気持ちで「秘密」を抱えていたのが、「美しい真珠」の寝床になるかもしれない、と気持ちが変わったとたん、なんと、自分のこころが、眩しく光ったのでした。そして、いまでもこっそり思っています。（わたし、いつか「真珠」を抱けるかな）と。

谷川俊太郎が語る河合隼雄
子どもってどんなだろう？

谷 川 俊 太 郎
詩人

河 合 俊 雄
京都大学こころの未来研究センター

河合隼雄との思い出

河合隼雄との出会い

河合 今回の大会は「河合隼雄生誕90周年」と銘打っていますが、まさに今日（6月23日）が河合隼雄の誕生日で、このような機会を設けることができ、非常にうれしく思っています。今日は谷川俊太郎さんと河合隼雄について、そして子どものことにも焦点を当ててお話しできればと思っています。

谷川 僕が初めて河合隼雄さんとお会いしたのは『魂にメスはいらない』という本の対談で、その対談が僕にとっては転機でした。

河合 河合隼雄のほうも、自分は詩人とは縁がないものだと思っていたようですが、谷川さんと対談したあと、本当に通じ合うことができたと感動していました。

谷川 僕も、隼雄さんとの対談から「意識下」「無意識」と呼ばれているものに関心をもつようになったというか、自覚するようになりました。僕は中流知識階級の家に生まれて、しかも一人っ子で兄弟げんかも知らないし、学校でも友達がいなくてもいいような人間でしたから、そうしたも

のにあまり目が向いていなかったのです。

　また、中学校でドロップアウトして、高校は定時制に滑り込んでどうにか卒業したけれども、大学には全然行っていなくて。そんな人間が、隼雄さんみたいにアメリカやスイスまで行って勉強した人から話を聞くわけだから、非常に緊張していたのです。それで、何を聞いていいのかわからなくて、初めはプライベートなことばかり聞いていたら、それを気にしていらっしゃったとか。

　河合　あまりプライベートなことを話したがらない人だったものですから。

　谷川　僕は、目の前にいる人がどんな人なのかに興味がいってしまうので、独身なのか結婚しているのか、子どもがいるのかいないのか、から始めないと話が進まないのです。

　河合　谷川さんにはすごく心に入ってくるような質問をするところがあると思います。例えば、河合隼雄が小さい頃、意識が生まれた頃から「死」が怖くて、それが心理療法やユング心理学に関わる仕事をするようになった大きな理由だったことを、私は谷川さんとの対談で初めて知りました。

　谷川　隼雄さんは自分が死ぬのが怖いとおっしゃったのですが、僕は母親っ子でしたから、怖いのは母親が死ぬことであって、自分が死ぬのはそんなに怖くはなかった。その違いが対談の最初に出てきて、僕にはすごく面白かったのです。

　また、それまでも何となく意識下にあるものの豊かさや大きさは感じていたけれども、それと自分の書く詩が結びついていることを初めて認識しました。というのも、「詩」というのは、やはり意識、つまり左脳で作っても面白くありません。だから、まだ言葉になっていない、自分の言葉の出る源、一種の混沌みたいなものから言葉が浮かび上がってくるほうがいいということは、あの対談の後から感じるようになりました。

　河合　逆に河合隼雄からすると、意識で生きている我々にとっては、夢というのは非常に大事なもので、わざわざ夢を見ないといけないものだと思っていたのに、詩人や芸術家は、直接無意識にアクセスしてそこから直接何かを受け取っているから夢を見ない、ということに衝撃を受けていま

した。

　谷川　僕は、河合さんに会って、ノンセンスというものはべつに意味がないわけではなく、大事なものだと思えるようになった。それによって、子どものための詩や文章を書く上で楽になりましたね。僕は、宇宙というのは基本的にノンセンスなものだと思っていて、そのノンセンスなものに人間が発生して、言語が生まれて、それで意味を付与し始めた。つまりノンセンスが基本だから、安心してノンセンスでいいじゃないかと思えるようになったのです（笑）。一種の哲学と言うとオーバーだけれども、詩を書く人は、何か名前以前の存在みたいなものをつかみ取りたいと思っているんじゃないかな。

一人という意識

　河合　河合隼雄には、本当に親しい人は少なかったのではないかと思います。ですが、谷川さんはその中でもすごく例外的な存在だったのではないかと。というのも、谷川さんのあり方として、「一人」という意識がすごく強いと感じるからです。その感覚が河合隼雄と通じていたのではないでしょうか。

　谷川　そうですね。僕は一人っ子だったから、河合さんのように、男兄弟がたくさんいて、みんなで遊んだというのがうらやましかったのですが、河合さんもそのような中でも一人だったのでしょうか。

　河合　そうだったと思います。たくさんの兄弟がいても、一人という意識はもっていて、だから、谷川さんとバックグラウンドは違うけれども、本質的なところで通じ合ったのかもしれません。

　谷川　そうかもしれませんね。隼雄さんって一緒にいて快いんですが、やっぱりそういう共通のものがあったからかもしれませんね。

　僕は10代の終わり頃から詩を書き始めましたが、最初の詩の題名が『二

十億光年の孤独』ですから、はっきりと自覚はしていなかったけれども、そのときから、自分は無限の宇宙の中で一人なのだということは感じていたと思います。そこが一番の核になっていて、未だにそういうところがあるのではないかと思いますね。

詩と絵本のこと

詩と絵本の朗読

　谷川　今日は、ロールシャッハ・テストについての詩を用意してきたので、読みますね。『ロールシャッハ・テスト図版Ⅰ』（詩の朗読）。

　河合　後半を聞いていると、何となくメロディが聴こえてくる感じがしますね。

　谷川　僕は、詩より先に音楽を聴いて感動というものを知った人間ですから、どうしても言葉の中に音楽的なものを求めてしまうところがあって。声にするときは、特に音楽性を気にしますね。

　では、今度は絵本を見ましょうか。『もこもこもこ』から。絵は、2011年に亡くなった元永定正さんという前衛画家によるものです。元永さんと僕は、たまたま同じ奨学金でニューヨークに滞在し、同じマンションだったものだから、部屋に遊びに行ったりしたのです。そうすると、彼は何かを作っていて、窓際にカラフルな三角形の小さなテントみたいなものが並んでいて、すごくきれいなんですよ。聞いたら、ワンタンの皮を乾かして、彩色して並べてある。

　それで、気が合ったというか友達になって、帰国した数年後に出版社から「一緒に絵本をやらないか」という話が来て、あまり相談もしないで、何となく二人で作ったのがこの『もこもこもこ』です（詩の朗読）。この絵本が出た直後は、まったく反応がなかったのですが、子どもたちが赤ん坊の頃から反応するということで徐々に売れだしました。これだって、よ

くわからないけれども、みんな笑っちゃうし、何となく気持ちがいい。単にオノマトペの問題ではなく、やっぱり元永さんの絵がすごく大きいと思いますね。

河合 面白いですね。

谷川 僕も詩を書くだけでは食べていけないから、作詞をしたり脚本を書いたり、自分にできる仕事はなんでも引き受けていたのですが、レオ・レオーニの『あおくんときいろちゃん』という絵本が衝撃的で、それから絵本に興味をもつようになりました。それまでは、絵本といえば物語絵本とかそういうものだと思っていたのですが、その絵本は絵がそのままプロットになっているような感じで、「こういう絵本だったら自分にも作れるのではないか」と思って、それから絵本の仕事の注文があったら受けるようになりました。

そしてあるときから、絵本なんてやったこともないような前衛の絵描きさんにまず絵を描いてもらって、その絵からどんな言葉が生まれるかという形で絵本を作りたい、ということになって、何冊も作りましたが、その一つがこの『んぐまーま』です。大竹伸朗さんに頼んで出てきたのがこの表紙の絵で、これは生き物なのか何なのか全然わからなくて、絵をもらったときは途方に暮れたわけです。しょうがないから、それを床の上に広げておく。すると、何日か経つと何か言葉が生まれてくるのです。では、『んぐまーま』（詩の朗読）。わけがわからないでしょう（笑）。

河合 すごいですね。「わけがわからない」ところがすごくいいです。

佐野洋子からの影響

谷川 僕は、河合さんに「意識下」ということを教わりましたが、その自分の意識下というものに直接触れるような作品を読んだのは、実は佐野洋子と一緒に暮らしている間でした。彼女のエッセイや絵本を見て、自分には書けないものを書いていると思いました。佐野さんは、自分のうんと深いところから湧いてくるものをそのまま処理もしないで出してくるようなところがありましたが、僕は垂れ流しなんか絶対に駄目だ、何かきちんとした形にして他人に渡さないと責任が取れないと思っていたので、本当

に衝撃を受けたのです。それほど、その文体に自分にないものを感じました。佐野さんとは『はだか』という詩集を出しましたが、この『はだか』は、彼女がいなかったら書けなかったと思っています。だから、詩でも、ごく私的な身近な人からの影響のほうが自分の場合は大きいですね。そういうことで、『はだか』から『さようなら』(詩の朗読)。

これを読んで思うのは、僕は一人っ子で、しかも一人が好きな人間でしたが、佐野洋子と付き合うようになってからは、人と一緒に何かをやるということが本当はなくてはいけないのだと思うようになった。この詩でも、「よるになったらほしをみる」というのは、完全に一人っ子的なものだけれども、「ひるはいろんなひととはなしをする」というのは、この詩を書くまでは絶対に書けなかったと思います。

距離を置いて見る

　谷川　では続いて、『はだか』(詩の朗読)。

　河合　これは、佐野洋子さんの影響を受けていて、かつタイトルも『はだか』ですが、そのままぶちまけている感じはあまりしませんね。

　谷川　それはそうですね。僕は自分にこだわる人間じゃないし、自分の中に何かもやもやしたものがあって、それを解放しないと生きていけないという人間ではありません。やはり自分のスタイルというものがはっきりあって、それは変わらないですね。

　河合　同じ詩人でも、そんなに違うものなんですね。例えば、工藤直子さんのように、自分がペットボトルとかネコになってしまうというようなことはないというか。ある種の距離を感じるというか、どこか外側にいるような感じがします。

　谷川　それは自分でも自覚していて、いろいろなものと交歓したいという気持ちはあって、またそれはある程度できるけれども、そのものになるということが、

どうもできませんね。お酒もそうですが、僕はいくら飲んでも、気持ちが悪くなって寝てしまうだけで、酔えない。酔って自分を失ってしまうのが怖いというのが必ずありますね。だから、物を見るときにも、やっぱり自分をちゃんと持って見ています。

河合　生まれ変わったら何になりたい、という「転生願望」というのがありますよね。河合隼雄がある飲み会で言っていたのですが、彼は「村外れの木になりたい」と。一本の木になって、そこから見ていたいと言うのです。だから、そのように距離を置いて見ているようなところは似ているのではないかと思います。

谷川　距離があるからこそ、それと一体になりたいという気持ちが強いところはありますね。実際の行動ではできないけれども、言葉を媒介にすると、それができると思っています。

河合　夢の中では、男性だけど女性になるとか、大人だけど子どもになるとか、違う時代に生きるとかできますが、谷川さんはそもそも夢を見ないのですよね。

谷川　本当に残念ですけどね。ただ、よく眠れるのですよ。こんなに眠るのが好きだということは、早くこの世から去っていきたいというのが、どこか根底にあるのではないかと思います。

河合　そうですね。思春期など若い頃に眠れなくなる人はたくさんいますが、この眠れないというのは、死ぬのが怖いということにつながっているように思います。

谷川　若い頃から、自分が死ぬのはそんなに怖くなかったのですが、年をとっても同じで、極端に言うと死ぬのが楽しみ、みたいになってきていますね。というのは、死んだら全然別世界になるわけじゃないですか。まったくの虚無であっても、その虚無を死んだ自分がどういうふうに受け取るだろうか、とかそういう好奇心があります（笑）。

河合　すごいですね。でも死んでも、「いやあ、つまらないから戻ってきたよ」と戻ってこられるかもしれません（笑）。

今、思うこと

コンステレーション

谷川 隼雄さんには本当にいろいろなことを教えていただきましたが、その一つが「コンステレーション（配置、星座）」という言葉です。それまでは、「配置」で人間関係を考えるようなことをしていなかったので、星座と同じように人間関係を考えるというのは、僕にはとてもピンと来たのです。そのことを詩に書いたので、読みたいと思います。これは、河合隼雄さんのおかげで詠んだ詩です。『私の星座』（詩の朗読）。

河合 「コンステレーション」はユングが提唱した概念ですが、むしろ東洋的な考え方に近く、河合隼雄がとても好きだった概念です。最終講義が「コンステレーション」というタイトルですからね。

谷川 僕が隼雄さんと最初に対談したのは、ちょうど私のいわゆる「中年期の危機」の時期でした。その頃、私の母が認知症になって、私の連れ合いにすべての重荷がかかってきて、アルコール中毒のようになってしまって。ちょうどそのような時期に河合さんにお会いして、それが自分にとってはとてもありがたかった記憶があるのです。それで僕は、河合さんの本を読んだりして、一生懸命に自分の「コンステレーション」を考えていました。自分、母、父、妻、息子、娘、そして仕事関係の人がいて、それをどのように配置すればいいのか、というようにね。そう

いうことがあったものだから、余計にその「コンステレーション」という言葉が切実に感じられたのだと思います。それまでは、サブ的な人物が周りにいることはまったく考えず、一対一の関係しか考えていなかった。ですから、もっと緩い人間関係の中に自分がいると考えるのが大事だと教わったことは、すごく大きかったです。

　河合　例えば、精神分析は転移・逆転移という言葉があるように、二者関係を考えるというところが強く出ています。ですが、「コンステレーション」では、今この人に会っているけれども、その人は別の人につながっていて……というように、もっと緩やかなつながりを見ていきます。だからこそ、何か違うところで起こっていることも意味をもつというのはユングらしい見方だと言えます。今の詩をお聞きしていても、星というのはそれぞれ離れているけれども、星座としてつながっていますよね。

　谷川　僕は、どうしても離れているということについて書きたくなっちゃうのですが、それは思いますね。

流れていく時代

　河合　谷川さんには、次の瞬間にはすっと変わっていくような、「流れていく」感じがありますよね。だからこそ、それを詩にできるというか。

　谷川　そういうところはありますね。特に、今は時代が本当にそのように「流れている」感じがします。だから、べったりにならないようにしながらも、ある程度はその時代の流れに乗らないと仕事ができないところがあって、それをわりと楽しんでいるところはあります。今はもう詩に限らず、みんなフローというか、流れになっている感じがしますね。ストックがなくなっているというのかな。それはそれでしょうがないと思うし、フローの中で良いものがあれば、もしかすると将来ストックになるのかもしれません。ですが、今はスピードがすごいから、どうでしょうね。

　河合　逆に、これは残っていくだろうなと思われる詩はありますか。

　谷川　戦後の現代詩に限ればすごく難しいです。僕はあまり詩が好きではないので（笑）。ほかに能がないから詩を書いていて、今はもう詩でなければダメなんですが。いろいろ考えても、10代のときに読んだものが今

になると全然面白くないとか、逆に、夏目漱石の本も昔は全然わからなかったけれども、今読むとすごく良かったりしますよね。

河合 年齢的なものはありますね。ただ、時代のコンテクストから良いとされる詩や文学があるのではないかと思うと同時に、ある種の普遍性があって残っていくものもあるのかもしれない。昔話はずっと残ってきているじゃないですか。

谷川 今は、あまりにみんながしゃべりまくり、書きまくりで、それが全部ネットに拡散しているでしょう。こんな言葉の洪水の中で、詩の言葉は普通のおしゃべりやSNSとはちょっと次元の違う言葉にしたいわけですよね。でも、ツイッターで詩を書く人も増えていますし、ネット上の言葉というのも、やはり時代の流れとしてはちゃんと見ていないと、という気持ちもあって。でもやはり紙の上で活字になっているものとディスプレイ上で横書きになっている詩は、どこか質感が違いますね。

河合 そうですよね。そこにどんな違いがあるのだろうとは思いますね。

老いと魂

谷川 今日は詩を読んでほしい、と言われたので、年齢相応の詩を用意してきました。やはり86歳にもなると、老いを自覚するようになります。それで、そういうのを詩に書いておこうと思うわけです。僕は年をとったらそのぶん自分は豊かになれると思っているのですが、体のほうは足がおぼつかなくなったりしますね。そうした体のことを詠みました。『カラダと仲良く』(詩の朗読)。

河合隼雄さんは、「魂」という言葉をずいぶん警戒して、ずっと使わずにいらっしゃったのですよね。でも、あるときからちょっとずつ使うようになったでしょう。「魂」というものを、心の中ではずっと信じていらしたのではないかなと思うんですけど、「魂」というのは、心理学ではあまり使えない言葉でしょう。

河合 そうですね。特にアカデミックな世界では使えません。でも、『ファンタジーを読む』という本の序文などでは「魂」について書いていますね。

フロアとの対話

表現と解放

谷川 僕は対話というのが好きなんですよ。特にいろいろ質問されたりするのが好きですね。

河合 ということですので、フロアのみなさん、何でも質問をどうぞ。

質問 「中年期の危機」のときに作った詩についてどう思っているか、あるいはその詩が谷川氏をどのように助けたのか。

谷川 言葉にする、言語化するということは、自分の解放につながっているので、書けたらやはり楽になります。それから、一つの作品を作るというのは、クリエイティヴな仕事ですから、自分が社会とつながれている感じがあります。中年期の危機だった当時は、まだ認知症への対応などについてはあまり知られていなかったから、私も窒息しそうになったわけです。そういうときに、詩とか絵本の形で言語化すると、それが直接の表現ではなくても、どこか解放感があったのは確かです。

河合 我々のやっている心理療法でも、表現することが大事で、絵を描いたり、夢を見たり、表現することで閉塞感が破られることがあります。ただ、解放はしてくれても問題の解決までは至らない場合も多いですよね。芸術家の伝記などを読んでいても、素晴らしい作品が生まれて、我々が生きていく助けにはなるけれども、意外とそれを作った芸術家自身の問題解決にはなっていないことが多いように思います。

谷川 そのほうが多いと思います。私が絵本を書いているときは、やはり絵描きさんと共同で仕事をしたということが大きかったですね。自分は言葉でしか表現できないのに、絵描きさんはすごく飛んだ表現をしてくれる。それが、自分に返ってきているというか。母の認知症という状態についても、一種シュルレアリスティックなものであると絵が教えてくれたところがあり、コラボレーションしたことが大きかった気がします。

河合 コラボレーションしたこと自体がある種のコンステレーションだ

ったわけですね。今のお話を聞いていると、谷川さんご本人にとっても、ある種の解決をもたらしてくれたのかもしれないという感じがありますね。

谷川 現実生活の解決ではないけれども、心の中の解決ということはありますね。

年輪イメージで年齢を捉える

質問 谷川氏の子どもの詩に対する思い、また子どもの詩から得られるものについて。

谷川 今度私が出す詩集の題名が『バウムクーヘン』なんですが、バウムクーヘンというのは、私の人間の年齢についての考え方を反映しています。私は年齢を時間軸に沿ってグラフで視覚化するのではなく、中心に0歳の自分がいて、1歳ずつ年輪を広げていって、一番外側に現在の自分がいるというように、木の年輪のイメージで年齢を考えています。ですから、自分の中には自分が過ごしてきた年齢の自分というのが隠れているように思うのです。それは多分みんな同じで、だけどその幼い自分を抑圧している、あるいは抑圧せざるを得ないということが、現実世界にはあると思います。

詩を書く人間というのは、組織の中にはいないので、そんな幼い自分を出しても大丈夫ですし、特にそれを言語の表現にすると子どもたちが喜んだりしてくれるわけですから、その点ではすごく恵まれているわけです。ですから、子どもの詩を書くときに、自分の子ども時代を思い出すということもいくらかはありますが、自分の中の幼い部分というものを恐れずに出してしまうということが基本にあると思います。その上で、子どもが読んでも共感してくれるような言葉やリズムというような、一種のプロフェッショナルな意識もやはり働いています。

河合 子どもの心が自然に残っているというのがとても大事ですね。河合隼雄にもまるで子どもなところが自然に残っているところがあったんじゃないかと思います。

谷川 だから、仲良くなれたところがありますね。

焦らずに待つ

質問 詩を作る際にどのような感じがするのか。

谷川 詩を書いてお金をもらっているわけですから、ある意味で職人的なところがあります。自分の中の幼児的な部分が初めのエネルギーであるとしても、詩を作る経験をある程度積み重ねてきたわけだから、それを言葉にして他者に差し出すときには、それを完全に大人の意識で推敲しています。だから、どういう言葉にするかが詩によって違います。ふと何か良い言葉が浮かんだりすると書き置いたりするんだけれども、そこから詩を作る過程のほうが大事であって、あまりに左脳的な、論理的なことをすると詩がつまらなくなるので、何となく半分眠ったような感じで言葉が出てくるのを待つというところがありますね。

推敲する段階では、完全に大人の視点で、「これでいいのか」「これで子どもたちは喜ぶのか」「子どもだけでなく、大人も面白がってくれるのか」と相当しつこく推敲は重ねます。

さあ詩を書くぞとパソコンの前に座って、うまくいけば何か詩が出てくるわけですが、全然出てこないときは、もうやめちゃいますね。僕は翻訳の仕事なんかもしているから、そういうことをして、おやつなんかを食べ

てから詩に戻る。

　ですから、詩を書くときに一番大事なのは、僕は「待つ」ことじゃない
かと思うわけです。焦らずに待つ。それで出てこなかったら、潔くやめる。
その繰り返しのような気がします。

　それから、何か変なことを思いついたときは、それを大事にしたほうが
いいですね。そういう言葉をふっと思いついたら、それをバカにしないで
書き留めるとかあるいは頭の中に取っておく、ということはしています。

魂について

　質問　谷川氏は魂を信じているか。年齢をバウムクーヘンのように捉え
ていることと魂の関係についてはどのように考えているのか。

　谷川　バウムクーヘンと魂の関係というのは、あまり考えていなかった
のですけれども、「三つ子の魂百まで」という言葉は本当だなと思います。
子どもの魂と、今老人になった私の魂とはどこかで完全に重なっていると
いうか、子どもの魂が年輪的に増えていくというか、深まっていくという
か。ただ、中心には子どもの魂があることは自覚しています。だから、年
をとっていくとすごく面白いし、それが自分の魂の成熟であると思いたく
なる。だから、僕は魂を信じているというか、あるはずだと思っています。

　また、僕は呼吸法をやっていて、加藤俊朗さんという先生がいるのです
が、「人間はなぜ生まれてきたか」という問いに対しての彼の答えは「魂
を磨くため」です。魂が磨けるものかどうかはよくわかりませんが、そう
いうふうに、魂中心に生きることを考えるのも、僕は悪くないと思ってい
ます。そういう考え方が自分にとってはプラスになると思います。

人工知能と詩

　質問　人工知能（AI）がカウンセリングを行ったり、芸術作品を作る
時代が来ると言われているが、このことについてどう思っているか。

　谷川　人工知能というのは、どうしてもデジタルなものが基本になって
いるのではないかと思っています。つまり、デジタルなものを大量に積み
重ねて、一種アナログ的なものに向かうところがあるのではないかと思う

のです。デジタルをどこまで積み上げればアナログになるのか、またそれは本当に可能なのかどうかはよくわからないんですが。

　言葉の組み合わせだけでなく、詩情、つまりポエジーということを考えた場合、AIがそのポエジーをどのようにして生み出すかは、今の段階ではまだわからないんですよね。でも、もしAIが本当にいい詩を書くようになったら、すごく面白いと思いますね。

　たぶん、世界中の古典から現代までの詩を全部、大量の記録としてそこからまた詩を書くわけでしょう。それは、一種の他者の記憶ですよね。ただ問題はその書く主体がAIであるということは、AIはすでに他者そのものだという気がするんです。だから、人間という主体がまったくなく、AIが作る詩がどのようなものになるのかには、すごく興味がありますね。もしかすると、我々が思いもよらないような形の詩や俳句が出てくるかもしれません。

　質問　詩という表現と、その受け取り手の相互の関係性についてはどのように考えているのか。

　谷川　その関係性の中でしか詩は成立していないと思っています。だから、本の中で活字を誰かが読めば、それで終わり。その読んだ人が何かを感じれば、そこで初めて詩が成立するのであって、やっぱり生身の人間が何かを感じてくれないと、詩は成立しないと思っています。

　河合　ここで、時間になりました。今のはしめくくりの言葉としても、とても良かったと思います。谷川俊太郎さん、今日は本当にありがとうございました。

　谷川　こちらこそ、ありがとうございました。

　　付記：本稿は、2018年6月23日に連合会館（東京都千代田区）で行われた日本ユング心理学会（JAJP）第7回大会プレコングレス、河合隼雄先生生誕90周年記念行事〈詩の朗読とインタビュー〉「谷川俊太郎さんが語る河合隼雄先生——子どもってどんなだろう？」をまとめたものである。

講演で登場した谷川俊太郎氏の作品のリスト（登場順）

・『二十億光年の孤独』（創元社, 1952年など多数）
・『ロールシャッハ・テスト図版Ⅰ』（『コカコーラ・レッスン』思潮社, 1980年所収）
・『もこもこもこ』（谷川俊太郎（作）, 元永定正（絵）文研出版, 1977年）
・『んぐまーま』（大竹伸朗（絵）, 谷川俊太郎（文）クレヨンハウス, 2003年）
・『さようなら』（谷川俊太郎, 佐野洋子（絵）『はだか』筑摩書房, 1988年／『谷川俊太郎　詩選集2』集英社文庫, 2005年所収）
・『はだか』（谷川俊太郎, 佐野洋子（絵）『はだか』筑摩書房, 1988年／『谷川俊太郎　詩選集2』集英社文庫, 2005年所収）
・『私の星座』（「星の組曲」の詩の一つとして, 『シャガールと木の葉』集英社, 2005年／『谷川俊太郎　詩選集3』集英社文庫, 2005年所収）
・『カラダと仲良く』（『Dear DoctorS ほぼ日の健康手帳──5年間の記録』ほぼ日刊イトイ新聞, 2010年所収）
・『バウムクーヘン』（ナナロク社, 2018年）

谷川俊太郎（たにかわ・しゅんたろう）……………………………………………………
1931年東京生まれ。詩人。1952年第一詩集『二十億光年の孤独』を刊行。1962年「月火水木金土日の歌」で第4回日本レコード大賞作詞賞、1975年『マザー・グースのうた』で日本翻訳文化賞、1982年『日々の地図』で第34回読売文学賞、1993年『世間知ラズ』で第1回萩原朔太郎賞、2010年『トロムソコラージュ』で第1回鮎川信夫賞など、受賞・著書多数。詩作のほか、絵本、エッセイ、翻訳、脚本、作詞など幅広く作品を発表。近年では、詩を釣る iPhone アプリ『谷川』や、郵便で詩を送る『ポエメール』など詩の可能性を広げる新たな試みにも挑戦している。

河合俊雄（かわい・としお）……………………………………………………………………
1957年生まれ。京都大学大学院教育学研究科博士後期課程中退。PhD.（チューリッヒ大学）、ユング派分析家、臨床心理士。現在、京都大学こころの未来研究センター長・教授。専攻は臨床心理学。著書に『ユング──魂の現実性』『心理臨床の理論』『村上春樹の「物語」』『発達障害への心理療法的アプローチ』（編著）『ユング派心理療法』（編著）『思想家河合隼雄』（共編著）『発達の非定型化と心理療法』（共編著）など。

論 文

研究論文

おはなしにならない言葉がおはなしになるとき
統合失調症と診断された人たちと即興で紡ぐ連想物語の考察

鈴木志乃

阪本病院

1 問題

　本稿では、統合失調症と診断され長く入院療養中の人たちと病棟スタッフが共に複数で集まり、ある一定のアイテムを眺め、そこで自然に生じてくるイメージをつないで即興話を創作する活動を取り上げる。ひとりの個人によらないイメージを検討することは、治療の場そのものを対象とすることである。療養者とスタッフが双方向に関わる場の生成が、そこで生きる一人ひとりの個人の癒やしにつながる可能性について論じたい。

　この活動に携わった、いわゆる慢性期統合失調症と診断される人たちは、どのようなこころの状態を維持しているのだろうか。世界保健機関（WHO）による診断基準、国際疾病分類 ICD-10（1992/1993, pp.97-98）では、背景にある症状を"思考と知覚の根本的で独特な歪み、および状況にそぐわないか鈍麻した感情"が生じること、"正常な心的活動では抑制されているはずの概念全体の末梢的でささいなことが前面に出てその状況にふさわしいものに取って代わる"こと、と整理している。この状況下での思考は、"漠然として不可解であいまい"なものとなり、結果、その状況にある人とそうでない人とのあいだには"言葉で表現されても理解できないことがある"。この状況が長く慢性化する事態は、緩やかに改善される傾向を含みながらも、Frey-Wehrlin et al.（1978/1991, p.183）の指摘どおり、

いかなる変化にも逆らい変容を受けつけない当事者の構えをそうでなくそうとする "治療的努力が無益であったこと、効果的でなくなったことを意味する" 側面に、改めて目を向けることを迫る。私たちが今を生き生きと生きるために、この社会で自分らしくあるために、克服してきた（と思い込む）"病んでいて、非生産的で、悪くて幼稚" な側面を、排除でなくいかに統合するかという課題を、慢性期統合失調症という事態は提起する。私たちはこの困難な協同作業に共に入らねばならない。

　しかし、統合失調症と診断された人とそうでない人とのあいだでは、'言葉の通じなさ' を伴う関係困難が生じることがある。私たちが '言葉が通じない' と嘆くとき、そこでは誰もが共有しているはずの意味伝達機能が言葉には期待されている。他方、こころの臨床に携わるときには、自分と相手に共有されている前提がなければ 'おはなしにならない' はずの、前提そのものが単なる価値観の一つに過ぎないことに気づき、意味とは異なる言葉の力を介して、普段見過ごされ捨て置かれがちな 'おはなしにならない' 言葉の価値を見出す態度が必要となる。ユング心理学では、例えばそれを "クライエントの語る内容を、あたかも夢を聞いているかのような態度で聞く"（河合, 1989, p.342）。夢を聞く態度とは、どのようなものだろうか。普段、私たちは '私' と、私の外側にいる私ではない誰かとの関係で現実を成り立たせている。他方、夢での体験は '私' と、私の中にある誰かとの関係であると捉えることができる。夢は、私の外側で起きていることが実は私の中（の未知なる複数の要素とのあいだ）の出来事と呼応していると捉える視座を提供し、一見不合理で意味不明な出来事を軽んじることなく、興味深く関わることができる。本論では、さらに '私' も私ではない誰かも等しく、誰かに見られた夢の登場人物であると捉える位相を導入する。複数人で紡がれた一つの物語は、いわば 'その場が見た夢' として捉えることで理解が深まる。療養者と治療者が共に一つの夢を生きるかのような創作体験を経て、他者との疎通が長く切断されていた療養者たちは、再び意味ある言葉の世界へと参入する契機を得た。そのこころの作業の経過を、創作話を通じて辿る。

2 活動の構造について

(1) 活動を開始した経緯

統合失調症と診断された長期療養者の中には、身辺自立は保たれていても従来の精神科リハビリテーション各種プログラムに参加せず、しても続かない群が一定数存在する。本稿で取り上げる活動は、そうした状態にある人が比較的多く滞在する慢性期療養病棟の看護師長から、'独語や妄想が激しく一日中何もせずに寝ている。活動や作業に誘っても続かない。もっと何かできないかと長年思っている人'を対象に、新しい活動が望まれ開始された。急性症状を経て小康状態を保ちながらも、食への強い執着や入浴拒否、一方的な要求や激しい怒りを伴う独り言など、症状は一進一退で人と関わることなく過ごす日も多い。病棟スタッフは、'今後の方針'が立ちにくく（その人の将来の展望を援助者として共有することが難しく）、特に'疎通性が低い'（言葉が通じない）ことを気に掛けていた。

(2) 活動の構造

【対象者】約500床の精神科病院における慢性期女性病棟で10〜20年以上継続療養中の統合失調症と診断された人（以下、療養者と記す）

【構造枠】週一回50分、セミクローズド

【期間】X年6月〜X＋2年1月

【部屋】1、2期：療養棟を離れた別棟の南向き、木壁の会議室、3期：1、2期と異なる別棟、開口部二面で明るい箱庭が置かれた部屋

【参加者】（＊本稿に取り上げる回の参加者を便宜上Ａ〜Ｈのアルファベットで記し、主な3名の臨床像を示す）

Ａ：60代（20代発症、孤独な生い立ち、夜の仕事に従事、常に整理整頓された居室で規則正しい生活を続け、他療養者との交流はほとんどない。

時折荷物をまとめ扉の前で立ち尽くし、○○しなさいと命じる内的な声に従い罰を受けるかのように振る舞うことがある）

　B：60代（50代発症、几帳面な性格ながら鼻歌交じりに夜中洗濯機を回し、生乾きの衣類を畳み、断りなく菓子を自室に持ち込むなどのマイペースな行為はスタッフに注意を受けることが多く、修正に応じることは難しい）

　G：40代（20代発症、常に聞こえる声に従い頭を上下に振り、激しい怒りの声を上げる一方、スタッフの声かけに礼儀正しく応答し、助言に従おうとするが容易に混乱してしまう）

　C：50代、D：60代、E：50代、F：40代、H：40代

　病棟スタッフ：臨床心理士（筆者のこと、以下 Th と記す）1名、看護師（以下 Ns と記す）と看護学生（以下 St と記す）各1〜2名

【参加人数】約5〜10名／回

＊Th 以外のスタッフはセッションごとに入れ替わる（以下〈　〉は Th の発言）

＊本稿は特定個人を対象に論じることを目的としないため、臨床像は代表的な長期療養者像の記述に留め、経過中の変化を捉え得る程度に記す

⑶　活動の手順

　Th が用意した任意の複数アイテムから療養者が一つのアイテムを選び皆で眺める。〈○○（アイテム名）を眺めて皆で何かお話を創ってゆきましょう〉と始め、Th が一節目を話し出す。隣の人へ順番に連想されたイメージを発言しつないでいく。発言はその場で Th がボードに板書する。参加者はそれを参照しながら思いついた言葉を発することも、前後の脈絡に囚われることなく自由なイメージを話すこともできる。発言が数巡しボードが埋まる頃を目安に創作は終了する。集まった一節一節を、一つのまとまったお話のように Th が読み上げる。その後、皆で感想を述べ合い閉会する。これを基準に、発言順は必ずしも固定されたものではなくなり、アイテムを使用せずテーマが決まることもある。後半は、箱庭療法で使用

される棚から参加者に選ばれた複数アイテムが使われる。これらの変化については都度詳述する。

3　連想創作話の提示

　約1年半の活動を3期に分け、創作された全72話から、繰り返すテーマや活動経過を概観し得る代表的な11話を提示する。各セッション数を表す＃の後に題名（選ばれたアイテム名やテーマ）と、あるものについてはアイテム画像を付す。各文節末尾の（A）（Th）などはその文節の発話者を示し、文節中の「　」は創作話中の登場人物が語る言葉を示す。「◎付記」として参加者の様子や感想および病棟スタッフからの情報等を記す。

(1)　おはなしの経過概要

　各セッションで創作されたお話は一話完結であるが、'食'にまつわるイメージが何度も繰り返される（＃1、＃2、＃30、＃37）。そのイメージの質は『欠乏』（＃1　餌を取り合う、＃2　空腹）から、『滋養』（＃30　養われ育つ犬、＃37　牡蠣の効能）へと変化する。『死と再生』（＃6　金魚が生き返るやりとり）や『荒波の航海』（＃9）を経て、『城に住むおじいさん』（＃13）のイメージに各参加者の私が投影される。『場』が耕され豊かになるイメージが日常生活を語るように生じ（＃28　四季の庭、＃30　犬を育てる、＃37　牡蠣の効能）、終盤には＃22で伝書鳩に表れた『届ける』イメージが、相互に作用する『つなぐ機能』（＃51　陸と離島をつなぐ連絡船、＃70　父と娘が手をつなぐ）へと展開した。

(2) 連想創作話および活動の提示

〈第1期〉#1～12（X年6月第2週～X年8月第4週）
3か月を1クールとし開始、参加者で話し合いその後も継続となる。

#1　2羽の鳩（写真1）

2羽の鳩が枝にとまっています（Th）。この2羽の鳩は夫婦で仲がいいです（H）。仲がいいんだけれど1羽が「下に降りよう」と言っています（A）。もう1羽の鳩が「どっか行きたいところがあるの？」と聞いています（Ns）。2羽の鳩が仲良く下に降りたいと言っています（B）。2羽の鳩が仲良く話し合っています（F）。2羽で草むらから餌を探そうとしました（Th）。2羽で餌を見つけて

写真1　#1　2羽の鳩

喧嘩になり、女の鳩が餌を食べてしまいました（H）。食べられた鳩が怒って「別のところに餌を探しに行くよ」と言いました（A）。奥さんの鳩が「さっきはごめんなさい。もう一度二人で餌を探しに行きましょう」（Ns）。2羽の鳩は元気良く行きました（B）。もうないです（F）。

◎付記　〈感想？〉「嬉しい話（B）」「ハッピーな話（H）」「鳩を見て安心できた（A）」「鳩は害があるカラスは偉い（H）」〈鳩の奥さん？〉「下の方の鳩。優しそうだから（A）」。事後、参加 Ns は「B はいつも部屋に食べ物を持ち込み注意され、H は入浴嫌いで難儀する、その人たちがこんな思いをもっていたとは……」と何度も首を振り感嘆する。

#2　猫の昼寝

1匹の猫ちゃんが気持ちよさそうに昼寝しています（Th）。なんともよう寝ています（B）。何か楽しそうな夢を見ています（Ns）。「もう少し寝たいから起こさないで欲しいわぁ」と言っています（A）。昼寝をしています気持ちよさそうに（C）。夢の中で猫ちゃんはブランコに乗っていま

す（Th）。愉快そうに声をあげているけど、食べ物を食べていません（B）。「おなかがすいたなあー何か食べたいなあー」と言っています（Ns）。「そうだ！　お母さんに聞いてみよう！」（A）。お母さんが「何か料理を作りましょう」（C）。「坊や、何が食べたいですか？」とお母さんは聞きました（Th）。「なんでも食べる〜！」（B）。「じゃあ、坊やの好きなハンバーグを作りましょう」とお母さんは言いました（Ns）。お母さんがハンバーグを作ってくれると言うので急いで起きました（A）。お母さんはハンバーグを作りました（C）。

　◎付記　「昨日はトイレに行ってばかりで寝不足、今になって眠くなってきた」と創作中居眠りしていたAも、最後は「面白かった」と満足そうに破顔する。

＃6　青い鼻緒の下駄（写真2）

　（前半概略：青い鼻緒の下駄に団扇と浴衣を揃えお祭りへ。金魚すくいの赤い金魚の中にいた「黄金の金魚（Th）」が買われ）黄金の金魚を手でもてあましていたら死にました（A）。でも生き返りました（St）。餌をやらないといけません（E）。金魚は何を食べるんでしょう？

写真2　＃6　青い鼻緒の下駄

（B）　分からなかったのでまた死んじゃいました（A）。1匹は死んじゃったけどまだ2匹います（St）。オスとメスの金魚です（Th）。餌をやりました（C）。2匹の金魚は喜んで踊っています（A）。ニモと名付けました（St）。色があります（E）。金魚は麩を食べます（B）。2匹の金魚に子どもが生まれます（Ns）。3匹の子どもが生まれたので、5人家族になりました（St）。

　◎付記　金魚を殺すAに驚き、何度も生き返らせる看護学生とAとのやりとりに場から笑いが起きる。これまで順番の合間は居眠りばかりのAが「難しくなかった！」と得意げ、くっきりとした印象に。初参加の男性Nsは「発想が自由すぎる……」と繰り返し、首を傾け感嘆、皆がそれを見て大笑いする。

#9 大きな船（写真3）

一艘の船が海の上を漂っています（Th）。船の点検をして調子がよいかどうか調べてから出港しようと思います（A）。出港しました（C）。これから1か月間の旅が始まります（Ns）。朝か昼か（E）。2等3等1等があって（B）。朝早くからこの大きな船は

写真3 #9 大きな船

港を出発しました（Th）。海の波が荒いのでこの船はよくゆれました（A）。天気でした（C）。乗組員はたくさんの食物を積み込みました（Ns）。何人乗れますか（E）。船の中で食べ物を食べることもある（B）。この船は30人乗りで朝昼晩とご飯が出ます（Th）。気分が悪くなって悪酔いしました（A）。船の中で休みました（C）。この船にはお医者さんやコックさんや初めて船に乗る乗組員もいました（Ns）。皆仲良くしました（E）。船は海の波にかかって（B）、甲板は水浸しになりました（Th）。船長さんが帆の向きを変えました（A）。進みました（C）。波は少しおさまったようです（Ns）。止まりました（E）。デッキでも楽しめます（B）。この船は一度港へ寄って休憩しています（Th）。皆船から上陸して港の景色を見ました（A）。いい眺めでした（C）。乗組員はひと時の時間を昼寝したりお風呂に入ったり散髪したりしてそれぞれに過ごしました（Ns）。陸には女性や若い子もいます。船酔いしたら危ないなあ（E）。港から出た船は、また必ず港へ到着する。船旅はよい（B）。

◎付記　活動前、自床を始末したBがAのシーツ交換を黙々と手伝う。看護師長（Nsとして参加）は「うちは皆女性なのに男っぽいような力強い話ができた。'どうなるだろう？　この船はどこの国へ行くのだろう？　どんなことが起きるのだろう？' と考えながら取り組みました」。「すがすがしい気持ち！（B）」〈Bさん何だかいつもと違ってますね〉「あっはっは！（笑）（B）」。病棟看護師が「今まで用事を一言で済ますだけ、ほとんど話さなかったBが、自ら話に来ることが増えた」とスタッフたちの驚きを報告する。

〈第2期〉#13〜38（X年9月第1週〜X＋1年3月第4週）

　第一声を参加者が担うようになり、題材も参加者自身が発案するようになる。

#13　山のふもとのお城（写真4）

　霧がかかって外国でしょうか、寂しい景色（A）。空気が澄んでとても気持ちがいい（Ns）。実はこのお城にはおじいさんが一人で住んでいて（Th）、…（略）…おじいさんにお城の周りでゆっくりと話を聴きます（G）。雪山が見えます（C）。おじいさんは何を考えているんでしょう（F）。近所の人がおじいさん寂しそうだからと食事を差し入れしています（A）。お城内で人形作りをしている（B）。お城の中にはおじいさんが一人と人形がたくさん住んでいます（Th）。お

写真4　#13　山のふもとのお城

じいさんは寂しさを感じず、いつも充実して過ごしています（Ns）。お城の周りには仕事先があるだろうか？（G）　おじいさんは仕事を探しています（C）。おじいさんは何を考えているんだろうか？（F）　山あり緑あり川あり、美しい景色の中に住んでいるおじいさんがうらやましい。私も一日でいいからこんなところに住んでみたい（A）。おじいさんは、寂しくない！（B）　おじいさんにいろんなことを聞いてみたい（F）。おじいさんは毎日ニコニコして「お人形を作っているから毎日楽しい」と言って過ごしています（A）。山のふもとに建っているお城（B）。いつでも来てみたいお城（Ns）。

#22　白い鳩

　白い鳩が飛んでいます。そこには綺麗な運動場があります（D）。公園があって桜の木があります。木の下に鳩が集まって餌を求めています

（A）。鳩も、食べて水浴びをしているのだろう（B）。たくさんの灰色の鳩の中に1羽だけ白い鳩がいます（Th）。雨が小降りで運動場があります（D）。白い鳩を、ある人がペットにしたいと、籠を買って餌を与えるように決めました（A）。鳩は電車に乗っている（B）。白い鳩を連れてその人は電車に乗り込みました（Th）。その電車の中は人ごみでいっぱいです（D）。電車を降りてお花畑へ散歩に行きました（A）。鳩は籠に入れられています（B）。その人は、鳩を籠から出そうかどうか迷いました（Th）。鈴割りの中にも鳩が2匹います（D）。ある魔術師が鳩の手品をしました（A）。鳩は庭で喜んで遊んでいる（B）。いろんなところにいろんな境遇の鳩がいるようです（Th）。その鳩の中にもいろいろな餌を食べる鳩がいます（D）。白い鳩は伝書鳩で、手紙を足にくるんだら、相手のところに届くように、と祈って鳩を飛ばしました（A）。白い鳩、青い鳩もいます（B）。白い鳩は、青い鳩と一緒に飛びながら、手紙を届けに行きました（Th）。その手紙は、政府にも通じるでしょう（D）。白い鳩はお礼に大きな籠に入れ替えてほしいと、お礼をもらいたいと言っています（A）。鳩は写真を撮られています（B）。そのフィルムを大切にしましょう（D）。白い鳩と青い鳩は立派な役目を果たして写真を撮られ、お礼に大きな籠をもらいました（Th）。鳩は全国にたくさんいますから、鳩も仲間を呼んでグループを作りました（A）。鳩は、大きな籠に入れられているからご機嫌（B）。

　◎付記　〈私たちが作ったこのお話は何を教えてくれるのでしょう〉「白い鳩は囚われているばかりでなく外に出て運動をする。そういうことを教えてくれます（D）」「鳩は人間と同じように皆で仲良くして何かお役に立とうとしている。鳩は平和の象徴ですから（A）」「鳩も人間と同じでしょう？　鳩も勲章を知っている（B）」。筋としては一見バラバラのようでも、詩のように各々受け取り、感じるものがあることが理解される。

#28　きれいな庭

　きれいな庭にめぐり会えることを望みます（D）。綺麗な花も活けれるよう庭と併せて願います（G）。春夏秋冬ちゃんとめぐり会えるようにと思います（B）。…（略）…たまには外に出て庭掃きをするのもよいでしょう（D）。…（略）…♪春の小川はさらさら行くよ……（唄う）（B）。庭

には小さな小山もあるでしょう（Th）。春にはぽかぽか日光浴できてお風呂も毎日365日いつもピカピカ身奇麗に（D）。着ているものもきちんとして台の周りもきちんとします（G）。春には春の花が咲く（B）。夏には夏の葉が茂る。夏頃になれば空も大きく見えるでしょう（D）。外の空気を吸って（G）。今年もよい年でありますように（B）。秋には秋の実がなるでしょう（Th）。桜が散った桜の木に鳥が飛んできて桜と楽しく遊んでいるようです（D）。それを眺めながら桜の写真を撮るのもよいでしょう（G）。桜が散ったら緑の葉っぱがたくさん茂るでしょう（Th）。木は青い木、花は赤、黄色、いろんな色をした木や花がありますね（B）。今年も一年楽しく過ごせますように、心からお願いいたします（D）。

◎付記　新年1回目「服を買いに行きたい（G）」、昨年を振り返り「"白い鳩が飛んでいます"のお話がよかった（D）」「このお話の会に通えたのがよかった（B）」。

#30　犬

犬を楽しく育てます（D）。犬の服を買いに行き、着せてみたい（G）。あたたかい小屋を準備してあげたい（Ns）。犬と楽しく過ごす（B）。犬と広い原っぱで一緒に走り回りたい（Th）。たまには犬の散歩に連れて行って、犬にもいい感じをさせてあげたい（D）。散歩の途中に駄菓子を食べさせてあげたい（G）。友達の犬にも会わせてあげたい（Ns）。犬は人間と生きる（B）。人間もまた犬と生きる（Th）。スピッツを大切に大きく育てる（D）。犬の住む家、犬小屋を作ってあげたいなあと思いました（G）。まっ白でふわふわのスピッツには赤い屋根の小屋が似合います（Ns）。犬小屋があって楽しいなあ〜（B）と、スピッツは喜んで尻尾をくるくる回しました（Th）。美味しいお肉をたくさん食べさせてください（D）。幸せな犬だなあと思いました（G）。大切に育てたのでスクスクと大きくなりました（Ns）。犬は大切に育てられ、足もしっかり太くなって強い犬に育ちました（Th）。スピッツも大きくなるにつれて<u>食べ物も変わってくるでしょう（D）</u>。そのスピッツという犬もたくましく育ってきました（G）。お肉も骨付きの肉を食べられるようになりました（Ns）。犬も健康です（B）。自由にあちこちを駆け回っています（Th）。スピッツの首に鈴をつ

けてあげる（D）。鈴と共に行動すると楽しい気分になってよかったと思います（G）。鈴はスピッツのお気に入りです（Ns）。犬は鈴をつけて喜んでいる（B）。犬とともに感謝した（G）。犬とともに暮らしはじめました（D）。

◎付記　Dが途中「ここに線を引いて」と言う。

#37　海の牡蠣

　海の牡蠣を食べると白髪にならず目立たないといいます（G）。牡蠣で有名なのは広島県（Ns）。牡蠣は酢がきやカキフライにしても美味しいです（B）。牡蠣は冬に食べる物です（Th）。牡蠣は酢醤油で食べても美味しいです（D）。牡蠣はお好み焼きに入れても美味しいです（Ns）。牡蠣を調理する前に大根おろしで洗います（A）。牡蠣を酢としょうゆと大根おろしであえて食べる（B）。それにあわせて食べたいのは温かいかけ蕎麦です（D）。カキフライも美味しい（A）。髪が命と思う人は牡蠣を忘れてはいけません（G）。他に髪によい食べ物はないだろうか？（Ns）　牡蠣丼があります（B）。あとはワカメもあります（A）。牡蠣を養殖する場所が広島にはあるんですか？（G）　ホカホカ弁当のかきあげに牡蠣が入っていました。冷めた弁当をストーブで温め、湯気が立ってからお茶を入れて食べた経験もあります（D）。広島の江田島というところで牡蠣が養殖されていました（Ns）。カキフライにはウスターソースをかけて食べると美味しい（B）。卵がたっぷり入ったタルタルソースをかけても美味しい（Th）。食パンを焼いておいてマヨネーズをたっぷり塗って牡蠣料理をのせて、もう一度オーブンで焼くと美味しい（D）。ビールのつまみに牡蠣を焼いてジョッキで飲むと髪が早く伸びるといいます（G）。バターで焼いた牡蠣も美味しいです（Ns）。牡蠣はお酒のおつまみにしてもよい（B）。今日は牡蠣の効能についてアイデアを出しました（Th）。とても髪について大事な話です（G）。今日は食べ物の話で胸いっぱいです（D）。牡蠣はいろいろな作用がある（B）。今日は美味しくためになるお話でした（Ns）。

◎付記　参加当初、部屋の隅で一人頭を上下させていた豊かな長髪のGも徐々に着
　　　席可能となり場に馴染み、この回では自身の関心をテーマに皆で盛り上がる。

〈第3期〉#39〜72(X＋1年4月第1週〜X＋2年1月第4週)
　スタッフ異動や場所変更の必要が生じ、スタッフは筆者一人に。参加者の退院、転棟を経てメンバーABCDが固定、箱庭の棚から個々が選んだアイテムをテーブルに置きそのすべてを使い即興話を紡ぐ。

#51　離れ小島の赤ちゃん（写真5）
　陸からパトカーが走り出しました。救急車を追っています。そして連絡船が走り出しました（D）。離れ小島に住んでいる赤ちゃんが熱を出したのです（A）。藁葺きの家には洋服ダンスがあります。それも鏡の付いた大きなタンスです（B）。この洋服ダンスは買ったものです（C）。藁葺きの家には赤ちゃんが寝ています（D）。パトカーは連絡船に近づこうと思いますが、なかなか追いつきません（Th）。いったい、どうしたらよいのでしょう？　連絡船は離れていくばかりです。藁葺きの家の赤ちゃんが心配です。赤ちゃんの家は海のそばにあるので、船でなければ行けません。赤ちゃんの症状は悪いので、救急車を呼びました。「赤ちゃんの熱が出て大変です」「すぐに行きますから待っていてください」。でも、救急車やパトカーは海岸沿いで止まってしまいました（A）。いろんな形をした船があります（B）。藁葺きの家で赤ちゃんは眠っています。すくすく育っています。赤ちゃんの熱は大丈夫でしょうか？（D）　連絡船に救急車が通報しました。早く来てほしい。「陸上へ来てほしい」と命令しました（A）。連絡船がそれを聞いてやってきました。それで救急車は連絡船へ乗り込むことができました（Th）。パトカー、救急車が通ります（B）。赤ちゃんは助かるのでしょうか？　なかなか心配です。でも元気ですくすく育つでしょう（D）。連絡船は離れ小島に到着しました（Th）。長いこと

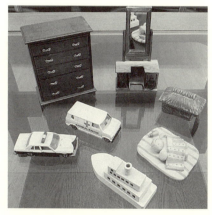

写真5　#51　離れ小島の赤ちゃん

待たされましたが、ようやく赤ちゃんの治療に入ることができました（A）。赤ちゃんの熱は下がりました（C）。風で洋服ダンスが動き出しました（D）。さて、何が入っているのでしょう？（Th）洋服がいっぱい入っているのでしょうね（A）。鏡を見るのが楽しみです（B）。タンスには赤ちゃんの家族全員の服が入っているのでしょうか？（D）赤ちゃんのお母さんは「ヤレヤレよかったねえ」と言って、赤ちゃんの頭をなぜました（Th）。タンスには洋服が入っています（C）。パトカーや救急車は人の面倒をみます（B）。赤ちゃんは喜ばしく、すくすくと寝ています（D）。そこには畳の部屋がありました。海からの風が通ってとても気持ちのよいおうちです（Th）。パトカーや救急車は「これでよかったら我々は帰ります」と言って、連絡船に乗ってもとの鞘に収まりました。これで一件落着です（A）。おうちには鏡のついたタンスがあります（B）。タンスが畳の上にあるので安心です（D）。この大きなタンスは赤ちゃんの一家を長い間そばから見守っています（Th）。藁葺きの家は島にあるので何かあると大変なことが起きるから、いつも連絡船に頼んで「今日は無事です」と言って連絡するようにしています（A）。

　◎付記　〈何を教えてくれるお話でしたか〉「看病の仕方（C）」「人の命を助ける連絡船だと思います（A）」「パトカーも救急車もいるしありがたい話（D）」「連絡船はいいなあ（B）」。

#70　女学生とお父さん（写真6）

　セーラー服の女学生とお父さんは東京タワーを見に行くために外出しました（A）。…（略）…お祭りには人がたくさん集まるので、騒ぎにならないようパトカーが集まっています（A）。…（略）…お祭りの騒ぎの中で倒れた人がいるので、救急車を呼びました（A）。…（略）…倒れた人が救急

写真6　#70　女学生とお父さん

車で運ばれてゆきました。あまり重症でないので皆もそれほど心配しません（A）。運ばれた人はただの貧血だったので、すぐにお家に帰るようにとパトカーをおろされました（A）。…（略）…「お父さんこっちおいで」と女学生は言いました。「人ごみの中でこけると困るからね」と、親子は手をつなぎました（A）。

◎付記　この頃はAが生き生きと物語を紡ぐのに比べ、他メンバーは同じ言葉の繰り返しが目立つ。あらすじを抜き出すと自然にAの連想だけが取り出される。

---

(3)　参加者の経過

　療養生活を自閉的に過ごし、要求の一語「紙」「煙草」等を発する程度だった参加者らは、活動途中から病棟スタッフと雑談を交わすようになる。終盤、繰り返しの多くなったBとDは終結後、絵本を読むグループ（三輪・野口, 2015）の音読に馴染み、Aは「絵本を読むだけはつまらない。頭の運動になることをしたい」と心理教育グループに参加、言葉による交渉ロールプレイを余裕でこなし、参加集団に溶け込む（その後、退院支援病棟に転棟）。活動以前のAが自分の世界に入り込んでいる際は、そばで声をかけても言葉を交わし得なかったが、終結後、時折Thに経済面、精神面共に自身を遠くから支える（内的な）父の消息を密かに伝え、怒られたことや手紙のやりとりのあることを語るようになる。自閉的で誰とも没交渉だったAだが、外を歩く際Bと手をつなぐことがある。Gの内的な声に動かされる激しい行動は緩和し、やがて一人で外出できるようになり、退院した。閉会後、Cは生活施設に退院、一方で個別の複雑な事情により退院の目処が立たない人もいる。X＋9年、療養者たちはそれぞれが、筆者の担当する別グループ（鈴木, 2013）などへの自由な出入りを続け、病棟ミーティングで自由に発言できるようになり、特定の仲の良い療養者ができた人もいる。その人なりの自閉を保ちながらも同時に、互いにつながりある関係の中で各自が自分の声を取り戻して生きている。

4 考察

(1) 構造の理解：お堅い病院の中にやわらかな小グループが生まれる意味

　河合（1989）は、既存の社会構造から外れた未分化な集団であるコムニタスの概念（Turner, 1969/1976）を引用し、"現代社会においては、その構造化があまりにもきつく、明確に行われているので、人が集団で集まるとき、それは真のコムニタス状況になることが極めて難しい"（p.341）ことを前提に、意図的に作り出されたコムニタス状況として心理療法が機能することを指摘している。このように聞けば、コムニタス状況は現代社会において滅多に出現し得ない理想として過剰な価値づけがなされそうである。他方、社会構造のもつ安全な秩序に価値を置くと、コムニタス状況は極めて価値の低い原始的であやしい集団に思われもする。元来コムニタスはこうした両価的な特性を内包する。私たちは社会構造とコムニタスのいずれか一方に留まることはできず、両野を流動的に循環する存在である。だからこそ、私たちには"構造とコムニタスの適切な関係"（p.351）を育む知恵が必要になる。

　本稿で取り上げた活動も、病院という堅固な構造の内部に足りないものを補う形で生まれたコムニタス状況と捉えることができる。患者と医療者という組織構造内での役割を一時的に抜け出し、三々五々寄り集まり、同じものを眺め、あるいは一つのテーマについて自由に連想する。スタッフは紡がれた言葉を次につなぐことに専念、互いの連想に驚き笑い合う。そこでは個々人の意図を超え、不思議な一篇の創作話が自律的に立ち上がる。その感動的な瞬間を参加者は幾度も共有する。この特別な場がいつまでも続けばいいと願う。しかし、病院の事情で部屋は使用できなくなり、スタッフは人事異動、活動協力者は不在となる。療養者は継続を希望、筆者は使える部屋を探し一人で継続する。しかし容易に疲弊し、複数スタッフで運営する別グループへの移行を辿って会は散会した。その傍ら、様々なコ

ムニタスが病院内に生じはじめる。参加者だった療養者、スタッフ各々が流動的に各種活動に参加したり、コムニタスな場を立ち上げたりしている。結果、コムニタスとは、極度に閉鎖的であったり一部にとって特別に過ぎたりすることで構造と対立するのではなく、構造にいつのまにか入り込み内在化されることではじめて、全体の（治癒的な）機能に寄与することが理解される。

(2) 活動経過の理解：治療としての連想物語活動

　統合失調症を生きる療養者のこころのあり方は、Neumann（1971/2006）の言う意識の発達において、いわば未分化な心的エネルギーが直接体験される原初的な心的水準に留まる部分が多い。この水準における無意識は、すべてを呑み込み破壊する悪い面と、豊かに実り与える良い面のいずれもが圧倒的な力をもつ。これが、食への強い執着や独特な一方向性の言動（関与されることの拒否、捲し立てるような要求、他者の所有物を公然と横取りすることなど）として表現され、“自我・意識・個人は小さく無力なまま”無防備かつ依存的で、まるで自分を“無限に広い原−大海に漂う小島であると感じる”（p.74）ほどに心細い状況にある（＃9　海を漂う船、＃51　海に浮かぶ離れ小島）。この水準でのこころの危機は“対立物の創造的統合の反対”（Redfearn, 1978/1991, p.188）、つまり葛藤するエネルギーは外部に放出されっぱなしで、これを包容し変容させる器がなければこころの象徴性は機能し得ず、治療者は暴力的な怒りや行動化といった直接性を“実際の損失と犠牲”（p.191）を伴い引き受けざるを得ない。このとき、当事者は自我に未統合な何かを自然の暴威のように体験する。これを持ち堪えることのできる肯定的な関係を通じて、激しい異質さは自我に抱えられるほどに変化する。肯定的な関係とは、行動制限や指導助言など、いわば構造からの一方向性が、当事者に“偽りの迎合的な自我ようの構造をもたらす”（p.192）作用とは異なる次元で展開される。

　連想物語では、餌の横取り関係が共に地を歩き餌を探す関係に発展し（＃1）、いつまでも寝ていたい空腹の猫は、母親の作る食事に惹かれ覚醒

する（#2）。本稿で取り上げた以外にも食イメージは頻回に現れ、やがて養い満たされるイメージ（#30、#37）へと変化する。食への飽くなき関心という症状と、物語における食イメージの変化を丁寧に辿りなおせば、そこに母性への強い回帰欲求が存在することが理解され、直接的な一方向性で表現される一見頑固で独特な症状は、参加者とスタッフが双方向に関わり物語を紡ぐことで象徴的に満たされる体験を得て緩和した。内なる他者からの一方的な支配に従わざるを得ない療養者らのこころの在り方は、それ自体が修正されることなくそのまま受け入れられ、心的構造に変化はないまま再び世界に参入する市民権を得たかのように、変化が生じた。

(3) 連想物語の本質の理解：見えないものと対話する

　精神科医療から離れ、絵本や詩など、より一般的で普遍的な領域と本論の活動を比較し、連想物語の本質について論じる。Goffstein（1974/1996）による絵本 "Me and My Captain"（邦題『私の船長さん』）は、"ユーモラスで想像力に富んだ、木製の小さな人形"（本書そでより）が、船の置物を眺め、空想を語る一部始終が、絵本の内容である。"私のいる棚の下の窓わくに、いっそうの漁船がいかりを下している…（略）…白い船室を見下ろしていると、なぜか船長さんが私に会いに上がってくるような気がする"（本文より）。彼女が空想の中で出会う船長さんとのあいだに様々な出来事が展開し、最後に彼女はこう締めくくる。"会ったことさえないにしても、窓わくの上の船長さんの船を見下ろすと、私は幸せになる、彼がそこにいるから"。船の置物

写真7　"Me and My Captain（私の船長さん）"

を眺めることで動き出した彼女の内的なイメージは、互いの関係を発展さ
せ、彼女を支える。物語は、私たちのこころがいかに孤独であったとして
も、普遍的に '私の船長さん'（内的なパートナー）を内在させている事実
を突き、揺さぶる。芸術作品はこうして普遍の側から、個別それぞれに深
い影響を与える。

　他方、統合失調症者が内的な存在と関わりをもつとき、それは幻聴や妄
想として説明されがちであるが、現場では単にそれを消失させるのではな
く、それと良い関係を築くことに重点が置かれることもまたすでによく知
られている。ユング派分析家の武野（1994）は、肯定的な関係による治療
が、"自我と無意識の関係性を始め…（略）…あらゆる関係性のなかに
「私－あなた」関係を導入・確立すること"（p.86）につながることを指摘、
彼らの紡ぐイメージに願望充足や被支配といった一方的な関係を多く認め、
"治療者が病者の妄想世界のなかにはいってゆく"（p.97）ことで、私とあ
なたの関係（いわば '私と私の船長さん'）を成立させていく過程を提出し
ている。

　連想物語では、内的存在との関係が必ずしも安定をもたらさない療養者
と、スタッフとが交互に言葉をつなぐことで、一方向性のイメージに圧倒
され巻き込まれる統合失調症の位相に、互いに関わる双方向性が導入され
ていく。例えば、海に浮かぶ離れ小島の赤ん坊（療養者イメージ）の危機
に、駆けつけた救急車（治療者イメージ）は岸壁で立ち往生するが、"長
いこと待たされましたがようやく治療に入ることができました"（＃51）
と A に紡がれた一節のとおり、海と陸をつなぐ連絡船に運ばれ事なきを
得た。A には内的イメージとの関係に明らかな変化が認められ、他療養者
たちは連想創作という構造に抱えられ、一方的な独語や内的体験がいった
ん保留され、その切れ端に応答される体験を通じて自閉性から双方向性へ
と開かれる契機を得たものと理解される。

　こころの現場では相互性に開かれる工夫が胆で、慢性精神病に関する知
見（Redfearn, 1978/1991）がその序文で編者の Samuels（1989/1991, p.187）
に "精神病的過程の変容的コンテナーとして機能するのが誰か、または何
かを考える時、理想主義的でありすぎてはならない。多くの間に合わせの

解決が役に立つ"とまとめられたポイントには、患者と共にしたその場に即興で応じきる、治療者側の柔らかな態度の重要性が含まれていると考えられる。Jung の能動的想像法が Spiegelman & Kawai（1985/1994, pp.82-83）により共同での絵画や童話創作あるいは分析における合同実践へと展開したことをはじめ、患者と治療者が即興で共に句を付け合う連句療法（浅野, 1990）や、治療関係にある両者が相互に描いた複数の絵でお話が創られる MSSM（山中, 1984）などは、治療の陥穽としての一方向性、権威的構造を創造的に否定する。こころの癒やしは、治療者と療養者がその場で互いに影響し合い、こころ動かされることを互いが受け入れるやわらかな態度を経ることによって見出されていく。

　複数人で一つの物語を創作する連想物語の特殊な構造については、詩人の谷川俊太郎と覚和歌子による対詩や連詩（谷川・覚, 2017）との異同から一つの理解が得られる。彼らは聴衆と場を共にし、ライブ（即興）で交互に数行を書き継ぎ一篇の詩を編む。連想物語では、生のイメージを捉え続け、参加スタッフの一節で全体として筋がつなぎなおされていくが、対詩で生じてくるイメージはその場でプロフェッショナルとしての推敲が加えられる。強い意識の関与がありながらもそこには私性を手放す快感（覚, 2017, p.36）があり、"フレーズの良し悪しを評価しようとする自分""恥かくのやだなとか思ってるちっちゃい自我"（覚, 2017, p.39）を手放し、起きてくることを現場に委ねると思ってもみないことが起きるという。連想物語の創作を試みるとよく理解できるのだが、自我意識が堅固であるほどそれを手放しイメージの自律性に身を委ねることは難しい。しかし、療養者は誰もがうまくイメージに乗り、物語が自律的に動き出す帆の役割を果たしてくれる。自我の統合が緩むことの障害ばかりが注目を集める'統合失調症'とは、実は'そうでなければできないこと'をもちもする、ある'状況'として理解しなおすこともできる。

　言葉の芸術を生業とする詩人たちはその機能を、"「文字」は意味に近いけれども、声は意味を超えて「波動」そのもの"（覚, 2017, p.30）、言葉を声として聴く体験は読む体験と比べ向かい合うしかないありのままのリアリティをもつもの、と指摘する。"一人一人が泉で、それぞれが皆地下の

水脈につながっていてそこから湧きだす"（谷川, 2017, pp.45-46）ように、詩が生まれ "「場」ができる"（谷川, 2017, p.39）実感は、連想物語の体験と類似する。

　複数人が相互に影響し合い物語を紡ぐコミュニタス状況は、関係性とは無縁に一方向から支配し合おうと鎬を削るような構造（スタッフは症状がもたらす '業務' に支配され、療養者は治療としての '制限' に支配される）に、下層でつながり合い互いに関係づくやわらかな場を開く。それはまるで、私たち誰もが堅固な自我のみによって生きるのではなく、夢に現れた未知なる複数の要素との双方向の関わりを含み込んで私を成り立たせていることに似ている。そしてそれはまた、心理療法がセラピストとクライエント双方の相互的なやりとりによって癒やしの場を立ち上げる機序とも等価である。

　　謝辞：本稿について、自分たちが参加したおはなしの会とは別もので関わりないという立場から、公表の承諾を頂いた連想物語作家の皆様に感謝申し上げます。また、本稿は第26回日本箱庭療法学会での研究発表ならびに日本ユング心理学研究所2012年度セミナー「心理療法とアートとの対話」での事例提供をもとに執筆しました。貴重なご意見を頂いた秋田大学教育文化学部附属教育実践研究支援センター准教授の宮野素子先生、帝塚山学院大学大学院人間科学研究科准教授の猪股剛先生ならびに東京藝術大学大学院映像研究科准教授、演出家の高山明氏に改めて御礼申し上げます。

文　献

浅野欣也（1990）．連句療法の理論と技法と実際　徳田良仁（監修）飯森眞喜雄・浅野欣也（編）俳句・連句療法　創元社　pp.206-235.

Frey-Wehrlin, C. T., Bosnak, R., Langegger, F. & Robinson, C.（1978）. The treatment of chronic psychoses. *Journal of Analytical Psychology*, 23(3), 252-257.（A. サミュエルズ（著）氏原寛・李敏子（共訳）（1991）．分析心理学シリーズ1　こころの病理学──現代ユング派の臨床的アプローチ　培風館　pp.179-185.）

Goffstein, M. B.（1974）. *Me and My Captain*.（谷川俊太郎（訳）（1996）．私の船長さん　ジー・シー・プレス）

河合隼雄（1989）．生と死の接点　岩波書店

三輪幸二朗・野口寿一（2015）．自閉的な統合失調症者と絵本を読むグループ活動

の試み　心理臨床学研究, 33(2), 127-137.

Neumann, E. (1971). *Ursprungsgeschichte des Bewusstseins*. Olten: Walter Verlag.（林道義（訳）(2006)．意識の起源史　改訂新装版　紀伊國屋書店）

Redfearn, J. W. T. (1978). The energy of warring and combining opposites: Problems for the psychotic patient and the therapist in achieving the symbolic situation. *Journal of Analytical Psychology*, 23, (3), 231-241.（第10章　拮抗し結合する対立物のエネルギー——象徴的状況を達成する際の精神病患者と治療者の問題　A. サミュエルズ（編）氏原寛・李敏子（共訳）(1991)．分析心理学シリーズ1　こころの病理学——現代ユング派の臨床的アプローチ　培風館　pp.187-199.）

Samuels A. (Ed.) (1989). *Psychopathology: Contemporary Jungian Perspectives (Library of Analytical Psychology)*. London: Karnac Books.（氏原寛・李敏子（共訳）(1991)．分析心理学シリーズ1　こころの病理学——現代ユング派の臨床的アプローチ　培風館）

Spiegelman, J. M. & Kawai, H. (1985). *The Potentials and Imitation of Active Imagination-Part II from the Nymphomaniac: A Study in the Origins of a Passion of the Soul*. Nashville: Falcon Press.（町沢静夫・森文彦（訳）(1994)．能動的想像法——内なる魂との対話　創元社）

鈴木志乃 (2013)．統合失調症者の長期入院病棟で取り組まれた集団描画「わたしたちの樹」の考察　心理臨床学研究, 30(6), 821-830.

武野俊弥 (1994)．分裂病の神話——ユング心理学から見た分裂病の世界　新曜社

谷川俊太郎・覚和歌子 (2017)．対詩　2馬力　ナナロク社

Turner, W. V. (1969). *The Ritual Process: Structure and Anti-structure*. Chicago: Aldine Publishing Company.（冨倉光雄（訳）(1976)．儀礼の過程　思索社）

World Health Organization (1992). *The ICD-10 Classification of Mental and Behavioural Disorders: Clinical Descriptions and Diagnostic Guidelines*.（融道男・中根允文・小見山実・岡崎祐士・大久保善朗（監訳）(1993)．ICD-10　精神および行動の障害——臨床記述と診断ガイドライン　医学書院）

山中康裕 (1984)．箱庭療法と絵画療法　佐治守夫・福島章・越智浩二郎（編）ノイローゼ——現代の精神病理　第2版　有斐閣　pp.75-91.

(2018年1月22日受稿　2018年5月17日受理)

●要約

　本研究では、精神科病院で長期療養中の統合失調症患者と治療スタッフが数人で集まり、任意のアイテムやテーマについて個々に連想されるイメージをつないで創る即興話を取り上げた。約1年半の活動経過を概観し得る11話を検討した結果、慢性期統合失調症と診断される人たちが原初的な心的水準に留まり、一方向性および直接性をその症状特性にもつ背景に、母性回帰を強く希求する側面をもつことが見出された。療養者と治療者が象徴的に与え合う位相に開かれる共同創作の場をもつことで、双方向に関わる態度が療養者に導入された。この活動の位置づけを精神科病院という堅い構造の中で補償的に生じるコムニタス状況と捉えると、それが構造に対立的に存在するのではなく内在化されてはじめて、病院全体が治癒的に機能する。それは、心理療法がセラピストとクライエントの双方向性を礎としてはじめて、癒やしの場に開かれていくプロセスと同等の機序にある。

　　キーワード：精神科医療、慢性期精神病、分析心理学

The Therapeutic Attitude of Finding a Story in Meaningless Words: A Study of Improvised Associative Stories with People with Schizophrenia

SUZUKI, Shino

Sakamoto Hospital

　This study examined the activities of people with schizophrenia who are hospitalized for long periods in a psychiatric hospital, and the associative stories that develop when several treatment staff gather together, improvised based on arbitrary items and themes. From activities spanning about a year and a half, I chose 11 representative episodes showing progress. The analysis revealed that chronic stage schizophrenia remains at the primitive mental level, and one-way and directness are symptomatic. It turned out to be a manifestation of a strong desire for maternal regression. This condition evolutionarily changed to interactivity through a symbolic experience of interactions between the staff and patients. This activity was a compensatory "communitas" group for a mental hospital with a solid structure. This group does not exist in conflict with the hospital, but appears only when it is internalized in the structure of the hospital. This mechanism is similar to the healing process of psychotherapy that occurs only when the therapist and client can engage in bidirectional interactions.

Key Words: psychiatry medical, chronic schizophrenic, analytical psychology

研究論文

アクティヴ・イマジネーションにおけるイマジナーへの帰責の可能性
ユング心理学における自由意志と主体

長坂瑞希
姫路北病院

1 はじめに

　アクティヴ・イマジネーション（以下、A.I とする）の実践においては
イマジナーの責任がことに重視されてきたが、帰責の可能性は自由意志や
主体を前提とする。ただし、自由意志の論証は古来の難問であり、主体は
その自由意志を前提とする。ところが、本論で見るように、ユング心理学
においては自由意志に関する不十分な議論が散見された。ゆえに、自由意
志を前提とする主体のあり方も自明視できないことになる。私たちは如何
にしてイマジナーに責任を問うことができるのだろうか。本稿では、主体
が単独の存在において自発的に立ち現れるのではなく、すなわち、自由意
志を前提とするのではなく（ただ自らに由るのではなく）、自らとは相異
なる者との関係に開かれることによって、逆説的に立ち現れる可能性を探
る。そして、そのような視座から、ユング（Jung, C. G.）の『ヨブへの答
え』を再読する。本論は以下の結論へと向かって議論を進める。A.I の方
法論はイマジナーの責任を重視するが、イマジナーの自我は自らとは異質
な無意識に由来するイメージとの対話である A.I の実践を通じて、はじめ
て自ら責任を負うことのできるより高次の主体となりうる。

2 なぜアクティヴ・イマジネーションにおいて自由意志、主体が問題になるのか

⑴ イマジナーの責任と自由意志、主体

　まず、A.I の実践においてイマジナーの自由意志や主体が要件となることを、本邦において A.I に関して際立って多くのものを著している老松克博の論考から明らかにしたい。

　老松（2004a, 2004b, 2009, 2011a）は、「ユングの術語ではないのだが」（2009, p.8）と断りつつ、A.I の実践における「自我のアクティヴな態度」、「意識的な態度」の重要性を説いた。老松（2004b）によると、「自我のアクティヴな態度とは、つまり、意識的にふるまおうとする姿勢のことである。そして、意識的にふるまうのであれば、自我にはそれ相応の責任が発生する」（p.3）。そして、「この責任をまっとうすることこそがアクティヴな自我の最大の課題である」（p.3）。また、イマジナーの「自我は、みずからのふるまいが引き起こすいかなる結果にも責任を負う」（老松, 2004a, p.99）。すなわち、イマジナーはイメージの世界を侮って思慮なく取り組んではならず、様々に現れてくるイメージに対して自らがいかに振る舞うべきかを思案して取り組み、その結果に責任を負わなければならない。

　「ユングの術語ではない」（老松, 2009, p.8）とはいえ、ユングは「自我のアクティヴな態度」が意味するところを A.I のマテリアルを用いた講義録である『ヴィジョン・セミナー』（1997/2011）で述べている。たとえば、1931年秋期第Ⅰ講においてイマジナーが黒い種馬に出会う場面がある。そこでユングは「問題は、それに対する彼女の態度がどうであればよいのかです」（p.485）と、イマジナーの選択する振る舞いや態度の如何を重視した。また、ユングは意識とは「責任という要素を持っていなければなりません。つまり、エートスがそれと結びついていなければならないのです」（p.1406）と述べた。ゆえに、老松による「自我のアクティヴな態度」と

いう術語は A.I に関するユングの意図を適切に表したものと言える。すなわち、A.I の実践においては、責任が問われるという観点において、イマジナーに倫理的・道徳的要求が向けられている。[注1]

　ところで、以上のことは、イマジナーに自らの自由意志や主体性に基づいて振る舞うことを課している。なぜなら、安彦（2009）によれば「『倫理』は『帰責』の可能性を前提とするが、通常その帰責可能性はさらに意志の自由を前提とする」（p.1）からである。また、仲正（2013）によれば、各人に責任を課すには一人一人の「『主体』を想定せざるを得ない」（p.6）からである。つまり、帰責の対象は自らの意志に依拠する行為の主（あるじ）なのであり、操り人形のような隷属的存在ではない。ユングも「人間の責任をはっきりと突きとめるのは容易なことではない。そのためには、人間の意志の自由というものがどの程度大きいのかを、はっきりと定義できなければならない」（GW9/Ⅱ,§84）として、自由意志を帰責の前提とする立場をとった。なお、新田（1993）によれば、「哲学者たちの多くは、自由意志なしには道徳そのものが不可能であるという確信を持ち続けてきた」（p.6）。以上より、イマジナーに倫理的・道徳的要求を向ける A.I では、イマジナーの自由意志や主体が実践上の土台であることが明らかになった。しかし、次節で見るように、人間の自由意志や主体の論証は困難なものである。

(2)　自由の不可能性と主体の揺らぎ

　まず、自由意志の問題を見る。越門（2015）は「自由の概念はきわめて多義的であり、自由をめぐる問いは哲学そのものと同じだけ古い歴史をもつ。したがって、一冊の書物、ましてや一本の論文で、自由の問題すべてを網羅することなど到底不可能である」（p.22）と述べた。ゆえに、A.I の実践上の土台を検討する本稿では、自由意志の問題の概観を示すに留めざるをえない。伊藤（2014）によれば、古代ヘレニズム期のストア派やエピクロス派が自由意志の問題をすでに論じていた（pp.44-87）。ただし、新田（1993）によれば、「この問題が思想の中心的かつ緊急の課題として現

われたのは、やはりキリスト教神学においてであり、それは、『神の予知』と『人間の自由』の両立可能性という問題として定式化され、近世に至って、『物理的決定論』と『自由』の両立可能性として再定式される」（p.4）。つまり、キリスト教神学や中世哲学においては全知全能なる神の権能により、近世以降の哲学や自然科学においては科学法則の普遍性により、人間の自由意志の論証は困難に直面した。あらゆる人間の思い成しは神の思し召しや物理法則に基づく脳内物質の働きの帰結に過ぎないとして、人間の意志の自由は疑いを掛けられてきたのである。このように、自由意志の論証は古来の難問であり、安彦（2009）によれば「"決定版"のものはいまだ存在しない」（p.1）。

　つぎに、主体の問題を見る。大澤（2010）は「帰責が意味をもつためには、責任の担い手が自由な主体でなくてはならない」（p.11）と述べている。この記述は、主体と自由意志とが密接に関連した観念であることを示唆する。そして、仲正（2013）は、主体の前提の一つとして自発性を挙げた（p.3）。その自発性とは「外部から強制されることなく、自らの自由意志で、行為の目的を設定できることである」（p.3）。しかし、仲正は「『主体』の限界を指摘するのは、ある意味、簡単である。厳密に考えれば、純粋な"自発性"は、現実にはありえないからである」（p.11）として「『主体』の揺らぎ」を論じた（pp.11-15）。それによると、私たちの選択においては、私たちがコントロールできない生理現象や社会的既成観念が私たちの外部から働きかけている（p.12）。ゆえに、「突き詰めて考えれば、『主体』は様々の外部の作用によって"主体"たらしめられているにすぎない」（p.13）。つまり、主体の実在やそのあり方は自明視されえないのである。

　ここに、ユング派心理療法家にとって大きな問題が生じる。なぜなら、A.I の実践では、イマジナーの自由意志や主体は重要な土台であったからである。いまや、その土台が大きく揺らいでいる。私たちはいかなる思想をもってイマジナーに責任を問うことができるのだろうか。次節では、ユングやユング派心理療法家によって自由意志や主体がどのように扱われてきたかを見ていく。

3 ユング心理学における自由意志と主体

(1) ユング心理学における自由意志論とその問題

　河合隼雄（2001）は近代科学の手法が人間に適用できない理由として「対象である人間がそれぞれ自由意志を持ち、その上常に生成変化する存在である、という事実にもよっている」（p.12）と述べた。このことによって、近代科学において不可欠な統制の手続きが不可能になるということであろう。しかし、ある対象が統制不可能であるからといって、その対象が自由意志をもつとは言えない。なぜなら、その対象がまた別の存在者Xによって規定され、動かされ、導かれていることを否定しなければならないからである。しかし、そのようなXの存在を否定することは困難を極めるだろう。もとより、人間の自由意志は「事実」ではなくアポリアであることはすでに見たが、本稿では、そのような未知なるXの存在を重視することになる。すなわち、自我意識にとって未だ知られざる無意識領域の存在である。

　つぎに、自由意志を要件とする「自我のアクティヴな態度」を説いた老松の記述を検討する。老松（2004a）によれば、「セルフは隠れた絶対の中心として、心の動き全体に大きな影響を及ぼしている。その絶対性、超越性ゆえに、私たちはセルフを神や仏のイメージに投影して経験することが多い」（p.75）。このことはユング（1997/2011）が「セルフとは中心にあって、私たちのあらゆる行為を支配し調和させる要素です」（p.853）と述べたことと重なる。つまり、自我意識は絶えずセルフからの助力や制限、強制といった多大な働きかけを受けている。一方で、老松は「自我の側もみずからの自律性を保ち続けるのが重要である」（2004a, p.17）、「意識にも無意識にも自律性があり、いずれも独自の意志を持っている」（2011b, p.32）とした。これより、老松は自我には固有の意志を、セルフには絶大な影響力を認め、哲学的には意志の自由と被規定性をともに認める両立論

（compatibilism）のような立場をとったと言える。この立場は、ユングが「元型にはある程度の独立性があり、意識にもある程度のそれ相応の独創的な自由がある」（GW 11, §758）と述べたことと重なる。ただし、ここにはセルフの「絶対性」ではなく、その相対性が浮かび上がる。もとより、集合的無意識のセルフに「絶対性」を認めるならば、自我はまったく被支配的存在となり、各人による行為の責任の所在を無限に拡散させてしまう。このような思想は私たちの社会的要請に応えられるものではない。老松は無意識を「自我にとっては異質な他者」（2004a, p.2）として、A.I を意識と無意識による「対話」（2009, p.6）や「折衝」（2009, p.6）として、A.I の実践が意識と無意識による相互的なやりとりであることを説いた。つまり、自我の決断は無意識との交渉の産物なのであり、自我と無意識は相対的な関係にある。また、老松の論考の問題点として、セルフによる多大な影響下でいかに自我の自由が成立しうるのかという両立論の要となる問題を説いていないことが挙げられる。そして、この問題はユングの記述にこそ当てはまる。

　ユング（1951/1990）は『アイオーン』「第Ⅰ章　自我」で、「自我は意識領域の範囲のなかで——いわゆる——意志の自由を持っている。私の言うこの概念は、決して哲学的なものではない。いわゆる自由な決定、ないしは主体的な自由感情という、周知の心理学的な事実のことをさしている」（GW 9/Ⅱ, §9）と述べた[注2]。ただし、その直後に、自我には決定的な「無意識への依存性」（GW 9/Ⅱ, §11）があるとも主張した。ところが、ユングは自我の自由と無意識への決定的な依存性がどのように両立可能であるかという問題に触れていない。ユングにとっての自由意志とは、あくまで「周知の心理学的な事実」であり、探求すべき問題とは見なされなかったのである。ただし、ユング（1955/1995）は『結合の神秘』において「最大限の意志の自由と表裏一体をなす最大限の意識性」（GW 14/Ⅰ, §303）と述べた。したがって、ユング心理学に基づいて帰責の可能性を見出すための方針として、自由意志に関する記述の検討はほぼ無効であるが、意識水準の向上に関する考察の検討が有効である可能性がある。

　以上より、ユング心理学においては自由意志に関する議論が不十分であ

ること、また、セルフなどの集合的無意識の諸元型に大きな影響力が認められるため、自我意識に厳密なる自発的な自由を見出すのは困難であることが明らかになった。むしろ、自我意識は無意識からの働きかけを絶えず受けている。つまり、人間の判断や選択においては、無意識的諸力が重要な要因として背後から働きかけている。また、セルフの絶対性ではなく自我への相対性が要請された。さらに、ユング心理学に基づいて帰責の可能性を見出すためには、意識が無意識からの影響を受けつつも、その水準をどのように高められるのかを検討することが有効な可能性があるという示唆が得られた。

(2) ユング心理学における主体の可能性

　ユング心理学においては自我意識に自発的な自由意志を認めることは困難であるため、それを前提とする主体はいっそう大きく揺らぎ、本稿は躓きに直面する。ゆえに、単独の存在において自発的に立ち現れるものとは異なる主体の可能性を探っていく必要がある。

　ユング心理学における主体論の前に、つぎの論考を見ておくことが有効である。望月（2013）は、ヘーゲル（Hegel, G. W. F.）の「主人と奴隷」やアガンベン（Agamben, G.）の「サド－マゾヒズム」のアナロジー、バトラー（Buttler, J.）の論考（2005/2008）を手掛かりに、主体があらかじめ固定的に存在しているのではなく、他者へと開かれ、曝されることよって、その都度、逆説的に成立する可能性があることを説いた（pp.28-33）。たとえば、サド－マゾヒズム（S-M）関係では、Mは自分の欲する苦痛が他者であるSによって与えられること、従属的に権限を放棄することによってMとしての自らのあり方を確立し、Sは自らが苦痛を与えるMが存在してはじめてSとしての自らのあり方を確立できる。すなわち、両者はともに主体化の契機を他者に受け渡すことによって、逆説的に・同時的に主体として立ち現れる。これより、subjectという語が臣民・支配されるもの、責任を負うべき行為主体という矛盾する意味を併せもつことが了解可能となる。そして、この着想は主体の揺らぎを確かに感受し、普遍

的な視座において、主体が他者との相互関係によってはじめて成立する可能性を示唆しており、畑中（2010）が発達障害のあり方として限定的に「他者との相互関係を可能にする明確な主体が未成立である」（p.111）と述べたような、人間存在一般における主体の成立を他者との関係以前に自明的に想定しようとする考え方とは一線を画している。以降、A.I の実践が意識と無意識という相異なる者同士による相互的な対話であったことに留意されたい。A.I の実践における主体とは、無意識の彼方から到来するイメージという自我意識にとっての客体、すなわち、自らとは相異なる他者との相互作用によって成立する可能性があるのではないか。

　さて、河合俊雄（2010a）は「心理療法は主体を前提とし、またそれを尊重している。まず、医療とは異なって、問題や症状をもつ人に必ずしも焦点を当てるのではなく、問題を感じて、主体的に相談室や心理療法家のもとを訪れてくる人がクライエントであり、心理療法の対象となる」（pp.23-24）として、主体を心理療法の前提として重視した。ただし、河合俊雄（2010b）は「主体を確立するというのは不可能ではあるものの、永遠の課題であって、くり返し立ち現われて、それに失敗するあり方」（p.151）としたように、主体のあり方を固定的に捉えてはいない。ただし、河合俊雄（2015）は、「集合的無意識は自我意識にとっての対象ではなく、逆に集合的無意識が主体で、自我がその対象となる視点の逆転をもたらす」（p.277）と考えた。しかし、この視点の逆転は帰責の対象が集合的に・匿名的に拡散するという大きな倫理的問題を生む。よって、視点の逆転ではなく、「問題を感じて」（河合俊雄, 2010a, pp.23-24）とあったように、心理療法において尊重される主体とは、クライエントの自我が問題や症状を不随意に生じさせる無意識的諸力と出会い、それを感受することで、両者が相互的に関与して成立していると考えてみたい。このことは、河合俊雄（2013）による「主体は必ずしも狭い意味での『自我』ではない」（p.16）、「主体の発生と言っても、必ずしも能動的で意志的でないものも含まれることになる」（p.16）という記述と重なりうる。そして、このことはユングが実際に論じようとしたことであった。

　ユングは『アイオーン』「第Ⅰ章　自我」で「自我は一切の個人的な意

識行為の主体である」（GW 9/ II , § 1 ）として、主体のあり方を自明視したかのような記述をしながらも、その直後に「いったん主体として現出すると、さらに外界と衝突を重ね、内界とぶつかり合いつつ成長をとげてゆく」（GW 9/ II , § 7 ）とした。さらに、「第Ⅶ章　キリスト教的錬金術の象徴表現の心理学に関する一般的背景」には、意識と無意識という「対立するもの同士は両者自身のレヴェルで一致するわけはなく（第三は与えられず tertium non datur!)、両者より一枚上位の存在である第三者がつねに必要とされる。この第三者の中において、当事者双方が歩み寄る」（GW 9/ II , § 280）とある。つまり、ユング心理学における主体とは、自我という単独の存在においてすでに−常に固定的にあるのではなく、意識が無意識と出会い、その対立する両者がせめぎ合い、相まって、より高次のものとして立ち現われるものとして捉えられている。林（1994）は「倫理的態度が意識化だけで事足りるとしたら、ユングが発見した元型の力とは何だったのかということになりかねない。元型的な次元の力はどう生きてくるのか。どう生かすのか。この問題が抜け落ちては、ユング心理学とは言えない」（p.235）、「彼は単なる意識化ではない、その意識化にプラス無意識の力が加わって、両者が協力し合うことを考えていた」（p.235）と述べ[注3]、ユング心理学の文脈で考えられる責任を負うべき倫理的主体の成立にとって、意識が無意識的諸力と出会い、それを取り込むことの重要性を説いた。

　しかし、無意識はまさに無意識であるがゆえに思慮分別を欠くと考えられるが、なぜ無意識が意識に歩み寄ろうとし、意識と協力関係を築こうとしうるのか。また、意識が無意識と出会い、その力を取り込むことが、なぜ人間の主体性や倫理性の向上に寄与しうるのか。ユングは『ヨブへの答え』において、これらの問いへの答えを示しつつ、意識と無意識による相互的なやりとりを、意識水準と道徳水準の向上の過程、および個性化の過程として論じている。次節では、『ヨブへの答え』に依拠して、意識と無意識との相互的なやりとりによる主体成立の可能性を見る。そして、その可能性は私たちがイマジナーに責任を問いうる可能性である。なお、『ヨブへの答え』を再読するにあたって、本稿で述べてきた意識と無意識の相互性、ならびに、主体の揺らぎへの確かな眼差しと感受性を下地とする。

4 意識と無意識による主体成立の可能性──『ヨブへの答え』に依拠して

(1) 人間と神、意識と無意識による倫理を説く書

　ユングは『ヨブへの答え』において「神と無意識が二つの異なるもので
あるのかどうか確かめることはできない」（GW 11, §757）として神を無
意識と同定し[注4]、「あまりに無意識的であるため、『道徳的』であることがで
きない」（GW 11, §574）と断じた。ユングの立場は「道徳性は意識を前
提とする」（GW 11, §574）、「悪とは無意識的に行為すること」（GW 11,
§696）というものであり[注5]、まったく無意識的な存在に責任を負うべき主
体性を認めることはできないのである。一方で、ユングは無意識の諸元型
やイメージ群を一種の「主体」と見なすべきだと主張した（GW 11, §557,
§758）。しかし、その「主体」は無意識的で反省を欠くため、自ら責任を
負うべき倫理的・道徳的存在ではなく、未だうごめきとしか呼べない未熟
な〈主体〉にすぎないと考えられる。ただし、無意識の「主体」性が主張
されたことには理由があった。ユングは「意識の分化も先験的な性質をも
ったダイナミックな力の交渉の結果として理解することができる」（GW
11, §758）として、意識性の向上にとって先験的な諸元型の力が不可欠で
あると考えたのである[注6]。また、その交渉は意識と無意識による「相互作
用」（GW 11, §758）とされた。つまり、意識と無意識の相互的な力動が
重視されたために、無意識の「主体」性が主張されたのである。ここで
A.Iが意識と無意識による相互的なやりとりであったことを思い起こされ
たい。つまり、A.Iにおける意識と無意識による折衝の過程は、イマジナ
ーの意識を分化させ、その水準を高めていると考えられる。そして、ユン
グはそのような「交渉」や「相互作用」は「神が人間になるときにこそ」
生じると考えた（GW 11, §758）。

　ユングは神が人間になろうとする過程を物語っていくのであるが、その

過程は「無意識心理学には個性化過程として知られ」（*GW* 11, §755）、「人間の意識の分化過程に対応している」（*GW* 11, §758）。ゆえに、ユングが論じた神の人間化とは、人間の心的成熟、意識水準の向上、および意識の明晰化と表裏一体の関係にあった。つまり、ユングは「神との関連において人間のあり方を考察するという論じ方をしている」（宮下, 2006, p.77）。そして、その過程は「不道徳なものがもっぱら善なるものに、無意識的なものが意識的に責任を負えるものになる」（*GW* 11, §675　傍点は筆者による）とされたように、ユングは人間が無意識である神とともに意識性を向上させ、自ら責任を負うべき存在と成りうることを思い描いた。

⑵　人間化を欲する神、意識化を欲する無意識

　なぜ、ユングは無意識である神に人間化への意志があると見なしたのか。それはユングが「無意識は意識の中に流れ込んで光に到達しようとする」（*GW* 11, §740）、「無意識的な性質はすべて、意識に対してどんなに抵抗していても、意識の光に憧れる」（*GW* 11, §745）として、無意識を闇に、意識を光に譬えた上で、闇である無意識には光や意識への正の向性があると考えたからである。また、ユングは神が自らを象って人間を造ったことを「人間化の最初の先駆」（*GW* 11, §631）として、そこに「神に内在する人間化への傾向」（*GW* 11, §631）を認めたからである。つまり、「ユングは、神には初めから人間化への意志があったと想定し、その最初の予表を『神の似姿』としての一人の人間の創造に見る」（宮下, 2009, p.136）。要するに、ユング心理学における無意識は、老松（2004a）が「少しでも意識化され、現実のものとなりたがっている」（p.2）と述べたように、本来的に意識に接近しようとする。また、神は本来的に人間化を欲しており、神の人間化とは創造にまつわる人間存在の根源に関わる事態だったのである。これより、無意識が意識に歩み寄ろうとすることが了解可能となる。

　ただし、河合俊雄（2015）が「ユングは『ヨブ記』についての解釈で、ヨブに対して下した裁きがあまりに厳しかったことを神が後悔し、あらためて自ら『人の子』としてこの世に受肉しようとしたと見なしている。こ

れこそが神が人になることなのである」（p.210）と述べたように、ヨブこ
そが神の人間化を大きく促進させた重要な契機であった。神は道徳的に上
に立った人間ヨブの段階にまで追いつくために熟慮や反省が必要な状況に
置かれ（*GW* 11, §640）、ヨブの意識性の高さゆえに人間化を欲したので
ある（*GW* 11, §667）。このように、神の人間化のはじめには神の無意識
性・無道徳性からの脱却が問題にされた。

　ユングによれば、神の人間化ははじめにキリストへの受肉として成就し
たが（*GW* 11, §648）、彼は処女出生と無罪性のために本物の人間でなか
ったため、神の受肉には継続と補完が必要となり（*GW* 11, §657）、この
世を去るキリストが残された者たちに約束したように、父なる神から遣わ
されるパラクレートス、すなわち神の第三の位格である聖霊によって、人
類一般への受肉が継続されることとなった（*GW* 11, §§655-656）。つまり、
神の人間化ははじめ神に内在する天上の事態だったが、その舞台を地上に
生きる人間一般にまで押し広げていった。

---

(3)　人間の忍耐と努力、そして天の弁護

　ユングによれば、神が人間の内に宿るのだから人間はその存在の重みを
疑いなく増すことになる（*GW* 11, §650）。ゆえに、神だけでなく人間の
あり方も問われることになる。ここで人間が問われるのは、神から委ねら
れる巨大な破壊力を制御できるか（*GW* 11, §745）、「高い道徳的段階に・
すなわち高い意識水準に・まで昇ることができるか」（*GW* 11, §746）で
ある。A.Iの実践ではイマジナーの責任が重視されたが、イマジナーが神
に由来する巨大な破壊力を行使するならば、その結果に自ら責任を負うこ
とは困難であろう。ゆえに、イマジナーはより高い道徳性を獲得すること
が求められる。

　ユングは神だけでなく人間をも道徳的に低次な存在と見なした。ユング
によれば、人間の意識は神より少しばかり鋭く（*GW* 11, §579）、動物と
比べてもわずかに高い程度であり（*GW* 11, §620）、人間は悪に染まりや
すい愚かな被造物にすぎなかった（*GW* 11, §693）。つまり、ユングは人

間も神と同様に倫理的に極めて未熟な存在に過ぎないと見なした。そこで、ユングは「ヤーヴェにとって人間は最大の関心事であった。人間が彼を必要としたように、彼も人間を切実に人格的に必要としていた」（*GW* 11, §568）として、人間と無意識である神との相互性を重視し、人間と神という倫理的に未熟な者同士による成熟の可能性を説いていく。

　ユングは、神はただ無道徳なのではなく「一個の二律背反であり」（*GW* 11, §567）、「どこまでも義」にしてまったく「その反対」であるとした（*GW* 11, §574）。これまで本章では神の無道徳性を強調してきたが、善もまた神の本性と見なされたのである。すなわち、ユングは善を無意識である神に由来するものと考えた。これより、ユング心理学において、意識が無意識の力を取り込むことが倫理的態度の向上に寄与すると見なされたことが了解可能となる。ただし、二律背反である神が人間の内に宿るのだから、そのとき人間は善悪の対立や葛藤で満たされることになる（*GW* 11, §659）。同時に、人間がその対立や葛藤を神の受肉の印として引き受ける限りにおいて、神の人間化の可能性は開かれる（*GW* 11, §659）。そして、ユングはより高い意識水準の達成には極度に緊張した状況が必要であるとした（*GW* 11, §642）。つまり、人間は高い意識性に至るために、それがどれほど苦しいものであろうと神の受肉による葛藤や緊張の重荷に耐えなければならない。さらに、ユングはあらゆる対立は神に由来するとした（*GW* 11, §659）。ゆえに、A.I の実践においてイマジナーがいかなる行為を選択すべきか逡巡するとき、神がイマジナーに宿ろうとしているのであり、イマジナーは神に働きかけられ、意識性、および道徳性を高めていると考えられる。

　ただし、ユングは人間が神の受肉による葛藤に耐えるだけでは十分とせず、人間のより積極的な努力の必要性を説いた。一つは人間が神の暗黒面を受け入れつつ耐えていくために、悪をできうる限り洗い流すことである（*GW* 11, §742）。つまり、人間は可能な限り善に努める必要がある。もう一つは「悪の徳」と呼ばれる知性を得て、「悪魔を外にのみ見る高慢な一面性からの脱却」（*GW* 11, §742）を果たすことである。つまり、ユングは人間に意識性を高めることを求め、「悪をも意識していることに道徳性

を認める考え方」（宮下, 2009, p.177）を説いた。もとより、意識性が極めて低く、自らの悪に無自覚でいる者は神の受肉による対立や葛藤を感受することさえできないであろう。

　さらに、ユングは人間が善悪両性的な段階に留まるべきとは考えなかった。神は道徳的により高い人間に敗北し、そのような人間になることを欲したのだった（GW 11, §665）。ユングは「神は人間になろうと欲するのであるから、神の矛盾の統一は人間の中で起こるにちがいない。それは人間にとっては新たな責任を意味している。今や人間はもはや自らをちっぽけだとか無に等しいなどと言い逃れすることはできない」（GW 11, §747）として、人間が善悪の対立を統一するよう求めた。つまり、神は善だけでなく巨大な悪をも人間に委ねたが、人間がその両者を統合し、より高い道徳性に至ることが、共によき道を歩もうとする神を受け入れる人間の果たすべき役割とされた。しかし、ユングは人間が自らの力だけではそれをほとんど成し遂げることはできないと考えた（GW 11, §745）。そのため、人間は天の弁護者を必要とし、その援助を意識的に理解する必要があるとされた（GW 11, §745）。あるいは、ユングは人間が無意識からもたらされる「対立物の非合理な結合を可能にするシンボルに頼ることになる」（GW 11, §755）とも述べた。なお、そのシンボルは葛藤状態を解決する第三者とも呼ばれた（GW 11, §738）。そして、人間がそのような援助を頼りにして人間の全体像であるセルフへと至ることが、人間の全体性と個性の実現の過程であると説かれた（GW 11, §745）。すなわち、人間が葛藤状況に置かれたとき、自らの忍耐と努力に加え、自らの力量の限界を積極的に自覚し、天の弁護者を求め、彼岸からもたらされる援助を意識的に理解しつつ、まさに助けられることによって倫理的に向上することが、個性化の過程として説かれたのである。ユングは人間が神や無意識に由来する力を得て、それまでの対立の段階を脱し、「両者より一枚上位の存在」（GW 9/II, §280　第3節(2)で既引）であるより高次の主体になりうると考えたのである。

　以上、ユング心理学における主体の成立の可能性をめぐって、人間と神、および意識と無意識の相互性の観点から『ヨブへの答え』を再読した。ユ

ングは人間が神や無意識との相互的な応答を通じて意識性を高め、さらに
は、自らの努力と神や無意識からの援助によって自ら責任を負うべき存在
となる可能性を説いた。また、同書から、ユング心理学における無意識は
本来的に意識に歩み寄ろうとすること、善が無意識である神に由来するが
ゆえに、無意識的諸力が人間の倫理的態度に寄与することが考えられた。

5　おわりに

　ユング心理学においては、人間は無意識との相互的な応答を通じて責任
を負うべき主体となりうると考えられた。ゆえに、無意識に由来するイメ
ージとの対話や折衝を行うA.Iは、人間が責任を負うべき存在となるため
の格好のレッスンとなりうる。A.Iの方法論はイマジナーに倫理的要求を
向けるが、イマジナーは無意識に由来するイメージとの対話を通して倫理
的に成熟する可能性がある。つまり、この方法論は目的を内在化しており、
これから実践に取り組もうとするイマジナーに対して過度な要求を向けて
いるとも言えるが、自ら責任を負うべき主体になるという目的を射程に入
れた適切な指南を与えていると肯定的に評価することもできる。

注
1　本稿では倫理と道徳の区別はしないこととする。また、A.Iの方法論がイマジ
　　ナーに聖人君子のような高徳さを求めているとは言い難く、その倫理的・道徳
　　的要求は責任を問うという点に限られている。さらに、本稿はイマジナーへの
　　帰責の可能性を検討するものであり、責任を負うとは具体的に如何なる行為な
　　のかは議論しない。加えて、老松の論述がユングの意図を適切に表したもので
　　あるとするにはさらなる精査が必要ではあるが、本稿では適切なものと見なし
　　て議論を進める。
2　ユングは主に『アイオーン』「第Ⅴ章　キリスト、自己の象徴」において悪を
　　善の欠如とみなす伝統的教説に対して厳しく批判した。悪の問題は、自由意志

の問題と同じく、古くは全知全能なる神の権能との関連で問われた古来の難問である（新田, 1993, pp.11-21を参照）。このような共通点を有する問題に、ユングが一方では厳しく批判し、一方では議論を閉ざしたことは厳しく批難されうるだろう。

3　ただし、意識「化」とは、意識が未知なる無意識領域からのメッセージを汲みとる過程と言える。ゆえに、「意識化」という術語は無意識の力を重視したものと言わねばなるまい。

4　ただし、ユングはその直後に神と一致するのは厳密にはセルフであると述べた（*GW* 11, §757）。本論の以下に見るように、ユングは神と人間の相互的やりとりを説いた。ゆえに、セルフに「絶対性」を認めるならば『ヨブへの答え』の読解は不可能である。

5　人間が意識的に悪をなす可能性も考えられるが、ユングはそのことについて『ヨブへの答え』で述べていない。そのため本稿でも議論しないこととする。

6　ユング（1997/2011）は、諸元型について「時間と空間を超えるもの」（p.823）、「形而上的な原理」（p.882）と述べた。つまり、元型は感官の対象とならない先験的存在である。

文　献

安彦一恵（2009）．「自由意志」をめぐって——何が問題か？　Dilogica, No.13.91, 1-41.

Buttler, J.（2005）. *Giving an Account of Oneself*. New York: Fordham University Press.（佐藤嘉幸・清水知子（訳）（2008）．自分自身を説明すること——倫理的暴力の批判　月曜社）

畑中千紘（2010）．大人の発達障害事例の検討——「影」に隠された「空白」の世界　河合俊雄（編著）発達障害への心理療法的アプローチ　創元社　pp.105-130.

林道義（1994）．ユングにとっての哲学・倫理学　日本ユング研究会（編）ユング研究 8　名著刊行会

伊藤益（2014）．自由論——倫理学講義　北樹出版

Jung, C. G.（1951）. *Aion. Beiträge zur Symbolik des Selbst*. Olten/Freiburg: Walter-Verlag. *GW* 9/II.（野田倬（訳）（1990）．アイオーン　人文書院）

Jung, C. G.（1952）. *Antworf auf Hiob*. Zürich: Rascher Verlag. *GW* 11.（林道義（訳）（1988）．ヨブへの答え　みすず書房）

Jung, C. G.（1955）. *Mysterium Coniunctionis. Untersuchung über die Trennung und Zusammensetzung der seelischen Gegensätze in der Alchemie*. Zürich: Rascher Verlag. *GW* 14/I.（池田紘一（訳）（1995）．結合の神秘 I　人文書院）

Jung, C. G. (1997). *Visions: Notes of the Seminar Given in 1930-1934 by C. G. Jung.* Edited by Claire Douglas. Princeton, N. J.: Princeton University Press.（氏原寛・老松克博（監訳）（2011）．ヴィジョン・セミナー　創元社）

河合隼雄（2001）．〈総論〉心の現象と因果律　河合隼雄（総編集）講座心理療法第7巻　心理療法と因果的思考　岩波書店　pp.1-22.

河合俊雄（2010a）．はじめに――発達障害と心理療法　河合俊雄（編著）発達障害への心理療法的アプローチ　創元社　pp.5-26.

河合俊雄（2010b）．対人恐怖から発達障害まで――主体確立をめぐって　河合俊雄（編著）発達障害への心理療法的アプローチ　創元社　pp.133-154.

河合俊雄（2013）．大人の発達障害における分離と発生の心理療法　河合俊雄・田中康裕（編）大人の発達障害の見立てと心理療法　創元社　pp.4-20.

河合俊雄（2015）．ユング――魂の現実性　岩波現代文庫

越門勝彦（2015）．自分の欲する通りに行為することはいかにして可能か――ジャン・ナベールの自由論を構成する二つの要素　宮城学院女子大学　人文社会科学論叢, 24, 21-46.

宮下聡子（2006）．ユングにおける「悪の問題」　宗教研究, 80(1), 67-89.

宮下聡子（2009）．ユングにおける悪と宗教的倫理　教文館

望月由紀（2013）．発話行為と主体の成立、あるいは主体の受動性について　仲正昌樹（編）叢書アレテイア16　「倫理」における「主体」の問題　御茶の水書房　pp.17-37.

仲正昌樹（2013）．「主体」の生成と変容　仲正昌樹（編）叢書アレテイア16　「倫理」における「主体」の問題　御茶の水書房　pp.3-15.

新田孝彦（1993）．カントと自由の問題　北海道大学図書刊行会

老松克博（2004a）．無意識と出会う　トランスビュー

老松克博（2004b）．成長する心　トランスビュー

老松克博（2009）．木、錬金術、アクティヴ・イマジネーション――監訳者による序　哲学の木　創元社　pp.4-15.

老松克博（2011a）．解説　アクティヴ・イマジネーションの深みへ　ヴィジョン・セミナー　別巻　創元社　pp.1-14.

老松克博（2011b）．ユング的悩み解消術　実践！モバイル・イマジネーション　平凡社

大澤真幸（2010）．生きるための自由論　河出書房新社

（2018年5月16日受稿　2018年10月22日受理）

●要約

アクティヴ・イマジネーション（以下、A.I）の実践ではイマジナーの責任が重視される。ただし、帰責の可能性は自由意志や主体を要件とする。そして、自由意志の論証は古来の難問であり、主体は自由意志を前提とする。ゆえに、A.I の実践上の土台が揺らぐことになる。また、ユング心理学においては自由意志に関する不十分な議論が散見された。ゆえに、主体のあり方はいっそう自明視されえない。私たちは如何にしてイマジナーに責任を問いうるのか。本稿では、ユング心理学における意識と無意識の相互性に着目し、自由意志を前提としない主体の可能性を検討する。つまり、主体がただ自らに由るのではなく、自らとは相異なる存在との関係に開かれることによって逆説的に立ち現れる可能性を探る。その可能性はイマジナーの主体が自らとは異質な無意識との交渉によって成立しうることを示唆する。A.I の方法論はイマジナーの責任を問うが、イマジナーは無意識に由来するイメージとの対話である A.I の実践を通して自ら責任を負うべきより高次の主体となりうる。

キーワード：アクティヴ・イマジネーション、自由意志、主体

The Possibility of Attribution of Responsibility to Imaginers in the Practice of the Active Imagination: The Concepts of Free Will and Independence in the Jungian Psychology

NAGASAKA, Mizuki

Himeji Kita Hospital

In the practice of Active Imagination, imaginers' responsibility has been emphasized. The responsibility requires free will and independence. However, the demonstration of free will has been always difficult, and what is more, independence requires the free will. Accordingly, the base of the practice seems to vacillate. There are some insufficient discussions about free will in the Jungian Psychology. Therefore, the concept of independence is far from self-evident. How can we ask imaginers to account for their behavior in their practices? I try to examine the possibility of independence that does not require free will, focusing on the complementarity between the conscious and the unconscious. The independence could paradoxically emerge based not on free will but on its exposure to the otherness of images coming out of the unconscious. It suggests imaginers' independence could emerge through negotiating with images which arise from the unconscious. Though the imaginers are asked to account for their conducts, they could be higher-order subjects who could bear responsibility only after the practice of the Active Imagination.

Key Words: Active Imagination, free will, independence

研究論文

石牟礼道子作『不知火』における救済のイメージについて

奥田智香子

渡辺カウンセリングルーム

1 はじめに

　心理臨床家は、様々な悩みに苦しむクライエントと会い、本人の自助努力のみではいかんともしがたい事態に、時にクライエントも心理臨床家も解決の見いだせぬような心境に陥ることがある。そうした際、分析心理学では、治療過程において自ずから全体性へ到ろうとするこころの働きにより各人に必要な変容のプロセスが動き出すことが経験的に理解されている。故に心理臨床家は個人的無意識のみならず集合的無意識にも関心を払いつつ、こころのもつ治癒や救済の過程を賦活させるべく能動的に素材を読むことに注力する。この時、心理臨床家が救済にまつわるイメージに開かれていることが重要である。

　本論では、石牟礼道子（1927-2018）の仕事に注目し、中でも新作能『不知火』のイメージを拡充し理解を深めたい。何故『不知火』か。石牟礼は、近代の病いと言える水俣病に関する『苦海浄土』で世に知られるようになった作家であるが、その後も一貫して「悶え神（水俣あたりで、自分の不幸はもとよりこの世の切ない有様を見聞きすると身を揉んで悶えるような心性をもつ人のこと）」をめぐり執筆作業を続けている。石牟礼（2002）は、「一人一人の人間のゆたかな深部に降り立って、それをぞっくり抱えてくるような」学問、かつ「のぞましい未来を模索できる手がかり

が、民族の風土から陰影をもって浮上する。そんな風土を踏まえた心性を普遍化してみせる」(pp.123-124) 学問を希求すると述べている。その言葉のように、石牟礼の執筆は、自らのこころに降りる作業と風土や歴史を踏まえる作業から、普遍的なイメージを浮上させるような仕事である。こうした姿勢は Jung (1961/1972) が、近代を生きる自分が「その中に生きている神話はなんなのか」(p.245) と問い、能動的想像という技法によって自らのこころの深みに降りる作業と、錬金術等の歴史文化研究を通じて、こころに生じる普遍的な過程を見いだしていった姿勢と通じている。石牟礼の作業の集大成の一つが、新作能『不知火』であり、ここに石牟礼にとっての悶えとその救済についての考えが表れている。その理解は心理臨床家を支える豊かな土壌を提供していると考えられる。

まず『不知火』と関連が深い石牟礼の代表作を通じて、どのように自身の深みと関係をもちながら『不知火』へ至ったかを追い、その上で『不知火』を味わう。特に石牟礼作品における「荘厳する」ことについて考え、日本における救済の一つのイメージへ接近したい。

2　能『不知火』に到るまで

(1)　生い立ち

石牟礼は1927年、熊本県天草に生まれ、生後3か月より水俣町で育った。小学2年時、祖父の事業失敗により活気ある通りの家から水俣川河口に転居し、渚で様々な小さな生き物に親しんだ。17歳頃より歌作を始め、高校(実務学校) 卒業後、代用教員、結婚・出産を経て25歳頃より歌誌投稿を始める。31歳で詩人谷川雁の主催する「サークル村」結成に参加し、日本近代の問題に目を開かれると共に、詩や散文で頭角を現し、1960年より水俣病に関する文章を発表しはじめた。

(2) 『苦海浄土』（1969）から『椿の海の記』（1976）

　1969年（42歳）発表された『苦海浄土』は、当初は水俣病患者への聞き取りによる書だと思われた。しかし渡辺（2013）は、石牟礼の「あの人が心の中で言っていることを文字にすると、ああなるんだもの」という台詞を紹介し、『苦海浄土』は、純粋な聞き書きではなく、「もともと彼女自身にこの世とどうしてもそり反ってしまうような苦しみがあって、その苦しみと患者の苦患がおなじ色合い、おなじ音色となってとも鳴りするところに成り立った作品」（p.40）であると指摘する。つまり石牟礼が患者を対象として観察した書ではなく、自分の内側からの共揺が作品を生み出したといえる。石牟礼は水俣病を告発する会の結成に携わり運動を共にし、その座り込みの中で世阿弥の『風姿花伝』に親しむ。1973年、水俣病訴訟判決の後、熊本市内に仕事場を構え、この頃季刊誌『暗河』に夢5編を発表するとともに、自伝的作品『椿の海の記』を発表する。

　この作品の中で石牟礼は、農漁民が日々の生活の中でどのように土や農作物に関わっているか、四季や、生き物についてどのように細やかに感知しているかを生き生きと描き、「前近代の民の感受しているコスモスの実相を表出」（渡辺, 2013, p.51）している。この作品の自然のイメージは実に豊かである。しかし、渡辺が石牟礼の深層のテーマは「精霊的な世界それ自体にあるのではなく、そういうコスモスが近代と遭遇することによって生じる魂の流浪」（p.51）であると述べるように、根付いた世界を喪い流浪せざるを得ないからこそ、幼少期の記憶へ遡及し、自らの内に息づく世界を賦活させ生き生きと描く作業を必要としたと考えられるだろう。石牟礼は自らの記憶を遡及することを通して無意識と積極的に関係をもつ作業に本格的に着手したと言えよう。

(3) 『あやとりの記』（1983）と『おえん遊行』（1984）

　『あやとりの記』は、『椿の海の記』の姉妹にあたる作品であると石牟礼に位置づけられている自伝的作品である。『あやとりの記』は、幼児のみ

っちんが野山で様々な人々と交流する童話風の物語で、祖母おもかさま、死体焼きの隠亡[注1]や、体に布を巻き付けて踊る女など、狐狸や精霊と通じる人々が個性豊かに描かれる。この作品でみっちんは次のようなビジョン（pp.30-38）を見る。大地が割れ、葉っぱの上に乗ったみっちんが、この世と前の世が入れ替わる境のごうごうと渦巻き、吸い込まれたら最後永遠に一人で落ち続けねばならないようなブラックホールに飲み込まれようとしており、言葉を発することも出来ずに誰にも見つけてもらえそうもないごみくずになったように感じるビジョンである。これは心理学的には、Neumann（1971/1984）が「幼い自我にとって、すべては底なしの奈落に隠されており、自我はこの奈落の渦の中で方角も距離もわからず、不気味な生命力をもつ渦に対してほとんど無防備なまま、木の葉のように翻弄される」（pp.82-83）と述べている最早期の体験であり、人間性そのものが壊滅するのではないかという不安状況である。またこのビジョンは祖母の声に喚起され、また祖母の声によって壊滅から掬いあげられている。石牟礼の祖母は盲目で精神を病んで徘徊し、幼少期の石牟礼はこの祖母と行動を共にすることが多かった。石牟礼は「三つ四つの頃　おもかさまの後を追って　世界が入れかわる音域の中へ　導き入れられたのが　はじまりだった」（全集16, p.747）と述べ、自らのことも「高漂浪殿[注2]」であると述べるように、この体験と声は石牟礼の原初的体験として繰り返し描かれていく。

　『おえん遊行』は『椿の海の記』の叔母にあたる作品と石牟礼に位置づけられており、舞台は世代をさかのぼり近世である。ある島が嵐により孤立し、さらに旱魃・虫害といった自然の猛威を体験していく。物語が進むにつれて、主人公である気の触れた女乞食であるおえんの周りに、島に流れ着いた口のきけない娘（阿茶）や狐が集まるだけでなく、次第に罪人や様々な無念を抱えた魂たちが集まってくる。そして島の中心木であるアコウの木も、島人に代わって悶え苦しむ神として扱われ、水乞いで炙り焼かれると同時に、おえんが放った火によって島が燃え上がる光景で物語は終わる。この物語のクライマックスで、おえんの所作と傀儡師の歌に合わせて阿茶が舞う。このシーンは、能において自ら吐いた言葉に取り憑かれて

もの狂いの世界に入り、舞という芸能になっていく過程を目の当たりにするようである。渡辺（2013）は、この作品が近世に留まらずさらに中世につながるような、浄瑠璃や能に近い世界観をもっていることを指摘する。その理由として『あやとりの記』と対照的に、『おえん遊行』の登場人物が個性的というより型に近い描かれ方をしていることや、説経節のもつ残酷さや情念の濃い表現を挙げている。そして渡辺が「石牟礼文学の本質は救済を求める現代の悲歌であると考えているのですが、個の意識に閉ざされた近代文学の方法では、現代人の救済の方向は見えないと彼女は言いたいのだと思います」（p.81）と述べるように、石牟礼の仕事は、自らの幼少期の記憶から、言語を絶した世界へ、そして世代を超え、風土に根ざした心性へ向かっていった。こうした作業は個人的無意識からより集合的な世界に開かれていく過程と言えよう。

⑷ 『天湖』（1997）

『天湖』は、石牟礼が、その登場人物を自らの分身と強く意識し、「かそけき声を聴き落としてはこなかっただろうか。…（中略）…さかのぼれるかぎり隅々まで点検し、自分のコスモスを抽出し直したいと希いながらこのような作品になった」（全集12, p.510）と述べるように、石牟礼が精錬させてきた内的人物たちが連関をもちつつ、独自のコスモスを立ち上げた作品である。また、石牟礼は「『天湖』という作品は『不知火』へゆくまでの月影の長い橋のようなものかもしれない」（全集12, p.514）と述べており、『不知火』へ至るには欠かせない作品だと思われるので、やや詳細に取り上げる。その際、二人の男性（柾彦と克平）の変容の物語という視点から紹介したい。

まず柾彦の物語を追う。柾彦は、音楽家の卵だが、「生きていることと音楽をやってゆきたいことが、どうも一体にならないという齟齬感」（p.193）「自分がどこを漂流しているのか定かでないような感覚」（p.199）をもっている。彼は祖父の遺灰を撒きに東京から天底村を訪れるが、天底村はすでにダム底に水没している。柾彦が訪れた時、ある母娘に出会う。

母は天底村に育ち「夢に見るとは天底のことばかり」（p.49）と村の記憶をもち続ける高齢の女性である。ダム湖畔で、母娘は「呼び出せば、天底をば」（p.64）と朗々と歌い舞い踊り、柾彦はその声に誘われるように祖父を思い起こし理解してゆくが、天底村の記憶をもつ村人に比して己が抱くべきぎっしり中味の詰まった世界を自分はもっていない、と思うのである。しかし村の巫女（さゆり）がダム湖で水死し、柾彦はその遺体の引き上げから葬儀、そして新たな巫女の跡継ぎの儀式に立ち会う中で、彼がさゆりの夢を見たことを契機に、「僕はひょっとして新しくなりつつあるんではないか」（p.200）「ここには、すくなくとも僕の無意識界があの漂流する村の人々と一緒に睡っているのではないか。ここでは人間の意識のはじまりと、成長してゆくありさまとが、累なりの深い山あいで、他の無数の生命たちと一緒に地中の水脈に養われてゆくのが実感できる」（p.200）と自分と天底村のつながりを感じ、自身に生じる変容に注意深く耳をすませはじめる。そしてさゆりの葬儀の後には次のようなビジョンを見る。「水面の山々のうしろから、九州山地の台座がゆっくりとせりあがるのが映った。その台座は重厚な銀色の襞を幾重にも刻みこみながら、音も立てずに手前の山々に覆いかぶさり、なだれ落ちては湖面をひろげてゆくようにみえた。水は色のない炎をあげてゆらめきはじめ、湖のいちばん底の方から地霊たちの打ち鳴らす鼓のような音が聴えた。それは間を置いて規則正しく続き、水底に淀む澱をひと打ちごとに打ち穿つように、地の底のなにかを促すように響いていたが、突如あの湖底の洞から、おうおうと天に向かって咆哮する声が聴こえはじめたのである。幻聴かと彼はおもった。すると、間近かに迫りつつなだれ落ちていた銀色の山の台地は、もとの所にゆっくりと収まりはじめ、湖底の咆哮と鼓の音とを交互に響かせながら、水の面はこうこうと張りつめているのだった。〈かくして原初の音はうまれき〉ということばが浮かんだ」（p.208）。こうして柾彦の耳は開かれてゆき、ついには山々の葉の落ちる微かな音が何世紀にもわたって積もったような音が、一気に解放され、滝壺の水流のような音に躰を貫通される体験をする。そして柾彦の奏でる琵琶の音が、村人に、その昔天底村へ遊行に来ていた盲目の琵琶法師・水麿の記憶を呼び起こすのである。

次に克平の物語を追う。克平も「ひょっとすれば魂ば、悪か神さんにおっ盗られとりゃあせんか。どうすれば魂の戻るじゃろうか」(p.305) と祖母に言われる、どこか漂流している人物である。克平は、幼い頃の洪水で父が月影橋もろとも流された光景を目撃し、何度もその光景を夢で見ている。大人になり工事現場で落下し、鉄筋に尻から首の横まで貫かれる事故に遭った際、祈禱の舞を舞ったさゆりに助けられたと信じている。さゆりの水死と巫女の跡継ぎの儀式を通じて、過去の記憶（父の喪失と己の躰を貫いた傷）の生々しさが一気にせり上がる。この際、己を貫いた鉄筋を切断する振動と天底村がダム湖に沈められる際にしだれ桜が電気鋸で切断される振動が重なり、「鋸のぎゅうんち唸る。火花の散る。すると俺の意識の中で、しだれ桜の花びらの散るとです」(p.304) と、克平はその躰で天底村に生じた出来事をも受け止めるのである。「魂の、ばしっと飛んで来た。光の塊のごつ飛んで来た。そりゃ新かちゅうか、視えるちゅうか。自分の一生ばかりじゃなか、昔のことからこの世の仕組みまで、一ぺんにみゆるごたる気のしたですよ」(p.306) と、克平にとっても魂の入った内実を伴った世界を取り戻す変容の過程が描かれている。そして、父と共に流れたままの月影橋を堅固な石橋として再建するという意志を固くもつ。

青年二人は、世界との齟齬をもっていたが、女たちの声や儀式に誘われるように、自身の内深くの記憶が呼び起こされ、圧倒的に躰を貫かれる体験をする。その結果、柾彦は楽祖を呼び起こし、克平は流されない石橋を再建しようという固い意志をもつという男性性を発露させる。『不知火』という神々の世界舞台へ渡るための堅固な橋を築き、『不知火』において楽祖を呼び起こすためにはこの二人の男性の体験が必要だったのだろう。

また、『天湖』の構造について渡辺 (2013) は、物語がふつうの近代小説のように発端からフィナーレへ向かう直線的なナラティブの形をとらず、過去と現在が相互浸透し、過去がいまここで起こっている現在の一部かのような生々しさをもって一斉にせり上がる特徴をもつと指摘する。筆者には、この作品は天底村という水底に沈んだ村、心理学的に考えると無意識、と意識がどのように実感をもったつながりを回復するかという問題についての作業をしていると思われる。そして夢や声舞を通路として、過去と現

在、そして無意識と意識が相互浸透してゆく様と、その相互浸透がもたらす影響力を提示していよう。

3 能『不知火』（2002）

(1) 概要

　新作能『不知火』は、2002年、国立能楽堂で初演され、2004年、水俣湾の埋め立て地で奉納公演が行われた作品である。能『不知火』は演出家が手を加え上演されたものであるが、本論では石牟礼のオリジナル版を参照する。あらすじは以下のようである。

　舞台は、不知火湾・恋路が浜の渚。ヒトの作る毒が海を妖変させている。薩摩の山脈の湖に住む竜神は、息子（ワキツレ：常若）に生類の世を遍歴し地上の水脈の毒を浚うことを命じた。そして海霊の斎宮である娘（シテ：不知火）には、「己が生身を焚きて魔界の奥を照らし、陸と海との豊饒の、幽祭を司る海霊の宮の本殿に、み灯りを点ぜよ」と命じる。常若は遍歴満願の夜を迎え、隠亡（ワキ）の小屋でもある薫香殿に入る。隠亡は香を焚き、身毒きわまり瀕死の不知火を海底から呼び出す。不知火は、海底の悲惨を語り、「かくなる上は母御のいます海霊の宮にこもり、かの泉のきはより、悪液となりし海流に地上のものらを引きこみ、雲仙のかたはらの渦の底より煮立てて、妖霊どもを道づれに、わが身もろとも命の命脈ことごとく枯渇させ、生類の世再度なきやう、海底の業火とならむ」と狂い、カケリ舞う。[注3]

　隠亡は、不知火を労い、互いに慕い合う姉弟を、もし次の世があるならば妹背となすことを約束する。ここに常若が登場し、不知火との婚儀の約束を喜ぶ。隠亡は「たった今より不知火が、夜光の波の誘ふ中に散華してゆく間際なりしぞ。満ち満ちたる潮の目の、いま変る。この時の間こそは、

今生の替り目と思い候らへ」と述べ、地謡たちが「再び来ん世にはこの穢土より、幽かなる花の蕾を生ずるならむか。悪液の海底と地中に沈潜せる姉弟、うぶうぶしき魂魄をもってその種子をば慈しみ育て候らへ」と歌う。

　隠亡は、二人の祝婚のため、「夔（アイ）」を呼び出す。夔とは古代中国の木石の精霊である。殷の時代に信仰された竜神の一種という説もあるが、一番の特徴は楽祖として音の始原を司るものだということである。夔は、汚染された石を打ち合わせて歌い舞う。最後の詞は、以下のようである。「ここなる浜に惨死せし、うるはしき、愛らしき猫ども、百獣どもが舞ひ出ずる前にまずは、出て来よ。わが撃つ石の妙音ならば、神猫となって舞ひに狂へ、胡蝶となって舞ひに舞へ。いざや橘香る夜なるぞ。胡蝶となって華やかに、舞ひに舞へ」。

---

(2) 不知火の悶えと結婚

　まず不知火という女性のイメージを拡充する。石牟礼作品の中で、『おえん遊行』の阿茶と『天湖』のさゆりには、素性がわからぬ口がきけない女という類似点があり、『天湖』のさゆりは、海霊の仮宮の巫女として本宮の巫女である不知火に仕える女性である。つまり阿茶－さゆり－不知火は同系列の女性イメージと考えられる。

　先に述べたように、『おえん遊行』においては、狂女おえんを核として様々な悶え神の情念が島に集約されていく。阿茶はおえんと通じ合う女性で、情念が集約する頂点で阿茶は中世芸能文化（傀儡師）に出会い、舞の能力を開花させた。折口（1977）は、遊行の客人（マレビト）が、古代からのアニミズムを源流とする伝統を担い続け、日本の能など芸能発生の原点となったことを研究したが、傀儡師は、女性の海の偶人祭祀者としてマレビトの系譜に属する。つまり、石牟礼と中世芸能が出会い、阿茶が生み出されたと言える。また、『天湖』のさゆりは、「さゆりさんな水の性な」（p.164）と言われ、説経節『をぐり』に登場する照手姫と重ねられている。説経節は、鎌倉時代に端を発し、はじめは漂泊する宗教家による仏教説話であったが、聴き手である中世の民衆との濃厚な関係のうちに、次第に民

衆の救済に重きが置かれる物語となった。折口（1976）によれば『をぐり』は、「湖・海の禊を、山の斎水に移した物語だ」（p.221）と述べられているように、水による禊祓の伝統に属する作品であり、照手姫は救済にまつわる水の女の系譜に属する。このように、石牟礼は、悶え狂う女性を描く中で水の性の女を自身の内に発見し、長年にわたる仕事によって不知火像へと精錬していったと考えられる。

　ところで、水の浄化する力の象徴性は世界に共通する。そして日本においても水の浄化する力の神格化の代表的なものとして、延喜式大祓祝詞に登場する４柱があり、この４柱と不知火を比較することによって不知火の特徴が浮かび上がる。４柱とは、川の瀬にはセオリツヒメという女神がいて、日々蓄積する不浄や罪禍を受け取り、流れが速くなるところではハヤアキツヒメという女神が罪禍を受け取り、河口近くの浅海にはイブキドヌシという男神がいて、川から海に、さらに遠い海の底へ運び、最後は海底のハヤサスラヒメが罪禍を受け取ってさすらううちに浄化するというものである。４柱と不知火の違いとは、不知火は浄化しきれず狂い舞う点であろう。本居（1971）は、大祓祝詞４柱をイザナギの禊と合わせて解釈し、「祓は、その凶事を、本のよみの國へ、かへし遣るわざなることをも知るべし」（p.152）と、凶事は根の国に生じるもので、祓いとは元のところへお還しするものだと述べる。ここに凶事の発生源に対する捉え方の違いがある。沖浦（1999）によると、日本に６世紀半ばまで残ったアニミズムの世界では、熊送りに代表されるような円環的な世界観があり、こうした世界観の上に上記４柱は成立し、本居の述べるように罪禍は根の国に派生し、人はそれを丁寧にお還しすることが重要であった。平安時代には、仏教の三不浄や真言密教によるケガレの概念が入ってくることで、罪禍が個々の人間の身の内から出てくるものと捉えられるようになるが、未だ貴族文化であり民衆には浸透していない。中世に入り、鎌倉新興仏教の広がりにより民衆にも仏教的思想がしみ込み、輪廻転生思想を背景に、死後に影響を与える罪禍は、自らの行動や内面から生じるという意識が生じる。そのため罪禍からの救済が重要なテーマとなり、上記に述べたような説経節をはじめとする中世伝統芸能が花開いたと考えられる。

不知火は、水の性の女の性質を引き継ぎ、罪禍を浄化しようとする。し
かし、もはや罪禍は海の底でさすらっても浄化されることはなく、不知火
は罪禍をその身に集め、悶え神になる。さらに不知火は「渚」といういわ
ば無意識と意識の境界のような場所に出現した。その意義を心理学的に考
えると、意識発達において、意識に統合しえないものを海という無意識に
流し沈めてきたが、意識の発達とともに無意識へ沈めてきた態度を省みる
素地ができる。この時、流し断片化させてきたものを肩代わり的に集約し、
身悶えする女性が人格化され、意識がその姿を見ることができるようにな
ったと考えられないだろうか。また、河合（2002）は、説経節『さんせう
太夫』では、弟のために死に去っていく姉の犠牲的な姿が強調されており、
救済の過程が簡単に生じがたい悲劇的展開となると指摘する。このように
救済に携わる女性が、身の内にすべてを包含する母的なものを求められ消
えていく傾向があることを踏まえると、不知火の狂乱は重要であろう。石
牟礼は「母のもうひとつ裏に、もっとやさしい自分を、母を生み替えてゆ
く女というのがあるんじゃないかと思う」と述べ、女が母を生み、母は内
なる女を復活させる弁証的な関係があるという。こうした弁証法的関係に
持ちこたえる眼差しをもてたからこそ、「ほんとうにやさしいものは自己
犠牲を強いられますのでね。…（中略）…そうするとやさしさに耐えられ
なくなるから化けて出てくる時に殺す」（全集6, pp.457-480）とはざまの
狂乱を見据えることが可能になったのだろう。そしてこの狂乱が次の展開、
不知火と常若の結婚の約束をもたらす。

　次に、この結婚について考えてみたい。まず、この物語の最初に登場す
るのは、隠亡という老人と隠亡小屋に隠れた常若である。Jung（1955/2000）
は、国土の生命力の更新のため、老王の死と息子の誕生による王の再生と
いう物語が普遍的に見られることを示して、senex-puer元型を取り上げて
いる。senexの意識は、物事から距離をとり、死の側から眺めるような虚
無的で固く、冷たい意識である。これが反対の極のpuerの意識側に振れ
ると無規律であるが生き生きとする。隠亡は、海の底から不知火を呼び起
こし、その狂乱によって心動かされ、常若を登場させる。老人の意識がも
つ、滅びを前にした虚無感に対し、水の性の女が関与し、虚無感の中から

若々しい生命力が姿を見せる動きが生じているのである。石牟礼（2003）は対談の中で、この姉弟が生命力が衰えたこの世が回生することができるかどうかの潮目を変える契機だと述べている。この物語は、姉弟が滅びを食い止めるわけではなく、二人は滅びゆくのではあるが、隠亡による結婚の付与により、回生への希望を含み込んだ滅びへと転換されていることが重要なのであろう。

(3) 荘厳する

　さらに石牟礼（2003）は、生命力の衰えきった世の回生には超越的な力を必要としたと述べ、楽祖「夔」を登場させた。「夔」によって始原の音がもたらされ、亡くなったものたちが湧き出て舞い上がる。このラストは一体何であろうか。『不知火』のラストについて、石牟礼は「（不知火と常若は）人間に先んじて滅びる一族ですけれど、能う限り美しく滅びさせたいと思いました」（石牟礼, 2004, p.37）「生身の肉声を書こうとは思うのですが、そのままではつろうございますので、言霊にして自分と一緒に焚いて、荘厳したいと思っているのです」（石牟礼, 2002, p.27）と述べている。荘厳とは、一般的には浄土真宗で使用される言葉で、仏像や仏堂を美しく厳かに飾ることである。村上（2003）によると、大乗経典における荘厳（サンスクリット語：Vyuha）とは、心を集中した状態において、仏の神秘力をうけて可能になる、特に美しく立派な配列、すなわち浄化を意味するという。

　では、石牟礼にとっての「荘厳する」とはどういったことだろうか。石牟礼が荘厳とは何かと問われた時、沈黙の後、幼い頃に親しくした女郎が殺され、その遺体が運び出された時に、近所の皆から「かわいそうに、南無阿弥陀仏、南無阿弥陀仏」と芯からの唱えが生じたのを「荘厳な景色」だと述べている（石牟礼, 2015, p.97）。また、石牟礼は「いのちを荘厳する」という詩を書いており、下記の通りである。

　「生まれたばかりの／みどり児が夢みて笑まう／仏さまとでも笑み交わしているかのように／おなじ赤児が母のふところで／身をふるわせて泣く

のは／どうしたことか／この世の深淵にひとり／落ちてゆくような泣き声に／たれもおろおろする／ばかりである／遠いかの日乃咲まひを持って／いたがゆえにわれわれは／自他のいのちを／荘厳することができる」。

　世界からこぼれ落ちるきわの赤子は、『あやとりの記』で描かれた原初的な不安状況である。こうした体験に際した人を前にして、人はおろおろと何とか救えないかと思う。石牟礼（2004）は、救済に関して『自我と神との間』の中で、「救済するなどということは、不可能であるという自他の認識がそこには深々と横たわって」「自他ともに救われぬ悶え神というものがたたずんでいるというのが本当のような気がする」（pp.130-132）と直接的な救済など不可能だと述べている。しかし、「咲まひ」とは「笑まひ」の意を含んでおり、深淵に落ちてゆくきわの体験も、仏さまと笑み交わしたかのような体験も、遡れば共通の体験を皆がもっている。そうした体験に至る時、例えば念仏や花の咲くような笑みと表現されるような芯から自発的に湧き上がるものを通じて、荘厳することは可能だと述べているのではないか。

　こうした人々が共通にもつ体験への遡及とは、内的イメージの中でも集合的無意識の素材を表すようなものである根源的イメージ（Jung, CW 6, §§762-773）への遡及である。根源的イメージは、ヒトの生命過程において繰り返される心的体験の痕跡であり、また、初めは無秩序で無関係に見えるさまざまな感性的知覚が関連づけられ意味が与えられる基本的形式でもある。さらに、根源的イメージは精錬されていくと、象徴的イメージとして、心的対立物の仲介者として心的エネルギーの流動を可能にする体系となる。つまり心理的分裂が際立ち、心的エネルギーが無意識に流れ込むとき、こころのもつ補償作用として根源的イメージが現れ、これを精錬させてゆく時、全人格の中心からエネルギーが勢いをもって流れ、対立するものを含めてすべてのものが中心に関連、秩序づけられ配置される動きが生じ得、これを人は救済作用だと感じうる（Jung, 1955/1991）。石牟礼の述べる「荘厳する」とは、こうしたこころの働きによるエネルギーの流れを捉えたものではないだろうか。

　このせり上がりを、根源的イメージの賦活とそれに伴う心的エネルギー

の流れと捉えると、悶えつつ奈落の淵に立つという意識の関与が重要であったと考えられよう。石牟礼はただ佇んでいたわけではないことは、その社会活動や執筆を見ればわかる。その上で石牟礼（2002）は、「人の魂をゆさぶる表現というのは、何によらず、見えない奈落を踏まえてせり上がってくるものだと、常々、私思います」（p.88）と述べ、無力であること事を切り捨てず、奈落からせり上がるものも見据えているのではないか。

　ところで、石牟礼作品に登場する悶え神たちは、共通の体験へ遡及すること、つまり集合的無意識とのつながりをもつこと、が自然に出来るようだが、現代に生きる我々の意識には難しい。この難しさを代弁するのが『天湖』における東京からきた柾彦であろう。この点について石牟礼（2003）は、「一人一人、人間に限りませんけれども、生命たちは、それぞれ物語の記憶を潜在意識としてはみんな深くもっているけれども、痕跡もないくらいに失われてくると、思い起こすためには、何か、イメージを、呪術的な要素を含む芸術表現として提出しないと思い出せないようになっておりますよね」（p.20）と述べている。呪術とは、超自然的な力に働きかけ、種々の現象を起こそうとする行為である（大辞林,1995）。井筒（2011）は、言語の呪術的な力に関する論考で次のように述べる。言語はdenotation（言明）と、その周りをオーラのように取り巻いているconnotation（含意）で成り立ち、乳児の言語獲得のプロセスにおいて、乳児の純粋な感情を発現する「叫び声」（connotation）に、周囲が「もの」（denotation）を差し出すことで、「声」と「もの」が結びあわさり、意味が発生すると考えられる。古代人が世界に意味を付与しなおそうとするとき呪術が行われ、儀式の場を設えてゆく外的枠取りをするとともに、言語自体が呪術的言語へ変容する内的枠取りがなされる。呪術的言語とは、既存の意味を剥ぎ取られたconnotation優位な言語であり、その声はより豊かな語調を帯びて歌うように波立ち、異様な緊張がみなぎり、語る人も聴く人も共に妖しい恍惚状態に引きずり込む力をもつという。『天湖』の柾彦は、水の性の女の声や舞を通して己に沈潜し、山が崩壊する響き渡る轟音に貫通されるような体験をするが、これは井筒（1991）が述べる呪術的な意味の変容を伴う体験と重なり、それは体験者には「世界の終わり」や

「原初」の体験と感じられる。呪術的儀式の内的・外的枠取りはそうした変容体験を生み出す装置となりうる。ところで、能とは、舞・謡・囃子の三要素からなる劇であり、その音は豊かな語調と緊張感をはらんだconnotaion優位な呪術的言語に近い。また、川戸（2017）が「神すなわち死者への捧げ物であると同時に、死者の世界、あちらの世界と濃厚な交流をするためのある種の構造」（p.66）をもっていると指摘するように、呪術的言語の力を発揮させ、超自然的な力との関係をもたらす構造をもつ芸術であることが、石牟礼が『不知火』を能として提示した理由であろう。観客は、声や舞を通じて自らに沈潜した原初的な感情を揺さぶられ、その上で楽祖という超自然的存在の根源的イメージの賦活とともに、湧き上がるエネルギーを感じ、ここに死者や小さなものたちを含め美しく関連づけられ配置されるという「荘厳する」という救済の働きに触れうるのかもしれない。

4　おわりに

　『不知火』を読む試みを通して、石牟礼の提示する救済のイメージを概観した。『不知火』は神々の物語であるが、それぞれは、石牟礼の長年の意識的な作業を通じてその姿を現してきた。石牟礼の作業を通じて、神々を概念的なものとしてではなく、現代に生きる我々にもつながりうる姿として捉え直すことができたのではないだろうか。また、石牟礼が示した救済のイメージとは、悶えを集約するものと、その悶えを自身の内から感知するものとの間で生じる、言葉の原初の機能へ遡り、滅びの深淵を覗き込むような体験を踏まえたところに生じる、世界の回生を内包する滅びへの転換であった。そこには、芯からエネルギーが湧き出し、美しく配置し意味づけるこころの働きが関与していると考えられた。

注

1 本論では差別に関わる表現が使用されるが、いずれも石牟礼作品を論ずるに必要な表現と判断し、そのまま用いている。

2 「高漂浪」とは、「狐がついたり、木の芽時になると脳にうちあがるものたちが、わが村をいつ抜け出したか、月夜の晩に船を漕ぎ出したかどうかして、どこそこの浦の岩の陰や樹のかげに出没したり、舟霊さんとあそんでもどらぬこと」と石牟礼が説明している（毎日新聞　2014年8月3日）。

3 カケリとは、能において修羅道の苦患を受ける武士や狂乱した女性、妄執にとらわれた人物などが、異常な状態で動き回る様子を表す所作。笛、小鼓、大鼓などで囃す（観世, 2013）。

4 照手姫とは、説経節『をぐり』において、夫・をぐりが殺された後、自らも姫の座を追われ流浪の身となり、青墓の地に辿り着き、水仕事の苦役に従事する。をぐりは地獄から現世に戻されるが、手足はおろか口や耳もない餓鬼阿弥の姿であり、土車に乗せられ、民に少しずつ車を引かれて熊野の聖湯へ向かう。その途上で照手は夫と知らず、をぐりの車を引き、小栗の再生に関与するのである（鳥居, 2011）。

5 折口は『若水の話』に始まる水による「すでる」（転生）についての研究から水の女へと考えを進めた。水の女とは、古代社会における神聖な力をもつ水を管掌し、貴人の若人の禊に奉仕し、貴人としての資格を完成せしめる女性のことである。

6 大祓の起源は定かではないが、『日本書紀』『古語拾遺』の記述から、形代に穢を撫でつけることが上代から続く風習であることが窺える。虎尾（1964）は、大祓祝詞が律令以前の非常に古い日本人精神生活を示しているという。大祓は大宝令（701年）より国家の行事として定められた。1年を二季と捉え、6月と12月の年越しの儀式にあたる。この儀式では天皇が麻衣という卑しい服で大祓の儀式を行ったのち、衣服が小舟に乗せられて鴨川に流された。その祝詞「六月十二月晦大祓」が平安時代の法制書『延喜式』（927年）に記載される日本で最も古い祓詞であると言われている。前半は天孫降臨の神話が語られ、天孫がこもる御殿に収斂される。天上での儀式に倣い、管麻を祓いに用い、金木に罪禍をうつして祓詞を述べる。後半は4柱の神が川から海中深く罪禍を送り消滅させる（山本, 1992；金子, 2012）。

7 本居（1971）によると、唯一の男神イブキドヌシは息吹によって女神3柱へ罪禍を送る役割を果たし、始めから終わりまでに関与している。セオリツヒメは罪禍を最初に受け取る神であるが、同時に禍津日神という、イザナギが禊を行って黄泉の穢を祓った時に生まれた凶事を生す神と裏表をなすと指摘されており、凶事は根の国より起こり、祓とは根の国へ凶事を還すことであるという解釈をしている。次に、ハヤアキツヒメは、イザナミ・イザナキより生まれた水戸神（速秋津日神）と同一視され、根の国の戸口にあたる場所でガブガブと罪

禍を飲み込む。最後のハヤサスラヒメは、この神だけが、イザナギの禊の 験（シルシ）として生ったスサノオの娘である須勢理毘売と同一視されている。本居によれば、根の国に罪禍が至った時点で祓は終わっており、さすらいはその祓の験を表すわざであるという。大国主が禍によって根の国に至った時、須勢理毘売が根の国からの帰還とそれに続く功を助けることと重ねて、「此ひめ神の、人民の罪穢を、さすらひ失ひ給ひて、福（サチ）を得ると、事のおもむき運び、全く同じきを思ふべし」（p.160）と述べ、このひめが禍から福への、つまりは死から生への転換に携わる働きをもつことを指摘している。

文　献

石牟礼道子『苦海浄土』全集2;『椿の海の記』全集4;『呼応するエロス』全集6;『あやとりの記』全集7;『おえん遊行』全集8;『自我と神との間』全集9;『天湖』全集12;『不知火』（オリジナル版）全集16;『いのちを荘厳する』全集17;『葭の渚　石牟礼道子自伝』全集17(いずれも藤原書店)

石牟礼道子（2002）．言葉果つるところ　鶴見和子・対話まんだら　石牟礼道子の巻　藤原書店

石牟礼道子（2003）．不知火（DVDにおける対談）　平凡社

石牟礼道子（2004）．不知火──石牟礼道子のコスモロジー　藤原書店

石牟礼道子（2015）．インタビュー　荘厳の詩学──石牟礼道子の原点　三田文学, 123, 91-99.

井筒俊彦（1991）．意識と本質──精神的東洋を索めて　岩波書店

井筒俊彦（2011）．*The Collected Works of Toshihiko Izutsu Vol.1. Language and Magic: Studies in the Magic Function of Speech*　慶應義塾大学出版会

Jung, C. G. (1961). *Memories, Dreams, Reflections*. New York: Pantheon Books.（河合隼雄（訳）（1972）．ユング自伝1・2──思い出・夢・思想　みすず書房）

Jung, C. G. (1967). *Psychological Types. CW* 6.（林道義（訳）（1987）．タイプ論　みすず書房）

Jung, C. G. (1955/1956). *Mysterium Coniunctionis. CW* 14.（池田紘一（訳）（2000）．結合の神秘II　人文書院）

Jung, C. G. (1955). *Appendix: Mandalas. CW* 9/I.（林道義（訳）（1991）．個性化とマンダラ　みすず書房）

金子善光（2012）．延喜式祝詞の研究　大河書房

観世清和（2013）．新訳　風姿花伝──六百年の歳月を超えて伝えられる極上の芸術論・人生論　PHP研究所

河合隼雄（2002）．昔話と日本人の心　岩波書店

川戸圓（2017）．私のユング心理学──心理療法と普遍性にたどりつくこと　ユン

グ心理学研究, 9, 61-80.

松村明（編）（1995）．大辞林　第2版　三省堂

本居宣長（1971）．本居宣長全集　第7巻　筑摩書房

村上真完（2003）．Vyuha（荘厳）考──特にGrada-vyuhaの原意について　印度哲学仏教学, 18, 52-72.

Neumann, E.（1971）．*Ursprungsgeschichte des Bewusstseins.* Olten: Walter-Verlag.（林道義（訳）（1984）．意識の起源史（上）　紀伊國屋書店）

沖浦和光・宮田登（対談）（1999）．ケガレ──差別思想の深層　解放出版社

折口信夫（1976）．小栗判官論の計画　古代研究　民俗学篇4　角川書店

折口信夫（1977）．国文学の発生　古代研究　国文学篇1　角川書店

虎尾俊哉（1964）．延喜式　吉川弘文館

鳥居明雄（2011）．をぐり──再生と救済の物語　ぺりかん社

渡辺京二（2013）．もうひとつのこの世──石牟礼道子の宇宙　弦書房

山本幸司（1992）．穢と大祓　平凡社

（2018年4月4日受稿　2018年10月29日受理）

●要約

　本論では、こころのもつ治癒や救済過程の理解を深めるため、石牟礼道子の新作能『不知火』における救済イメージの理解を試みた。まず『不知火』と関連が深い石牟礼の代表作を通じて、どのように自身の深みと関係をもちながら『不知火』へ至ったかを追い、その上で『不知火』を味わった。不知火は、日本の伝統的な水の浄化に関わる女性像としての特質をもちつつも、身に罪穢れを集め悶え神としてカケリ狂う特徴をもつ。この狂いが結婚や楽祖の登場という展開をもたらした。また石牟礼作品における「荘厳する」ことについて心理学的考察を行った。石牟礼の示した救済のイメージとは、悶えを集約するものと、その悶えを自身の内から感知するものとの間で生じる、言葉の原初の機能へ遡り、滅びの深淵を覗き込むような体験を踏まえたところに生じるものであった。それは、エネルギーが流れこころの中心とつながる美しい配置が生じる世界の回生に通じるイメージをもたらすこころの働きに関与していると考えられた。

　　キーワード：石牟礼道子、救済、分析心理学

An Image of Salvation-examing, "SHIRANUI" by Michiko Ishimure

OKUDA, Chikako

Watanabe Counseling Room

In an attempt to understand the role of salvation in the Japanese psyche, this paper analyses Ishimure Michiko's Noh script "Shiranui." Before analyzing the text, however, I first considered how Ishimure related her inner world to "Shiranui" by studying five of her masterpieces. Shiranui, the main character of the play shares the same features as the traditional Japanese image of a woman who is related to the purification of water, but she is also different as she gathers impurities in her body, expressing her agony. This is what brings on the next development that is her marriage with her brother and the appearance of the God of Sound. I also performed a psychological examination of "Shogon-suru," which is also related to her salvation. This is attained between people who look into the abyss. From a psychological point of view, this image of salvation is related to the image of renewal in the world, which contains a flow of energy and a beautiful order that connects with the center of the psyche.

Key Words: Michiko Ishimure, salvation, analytical psychology

研究論文

「信徳丸」にみる青年の個性化過程と観音信仰
説経節の元型的世界（2）

森　文彦
神戸同人社

1　はじめに

(1)　個性化過程を基礎づける物語

　ウルトラマンと怪物との間に激しい戦いが繰り広げられている。英雄が敗れ、砂に埋められる。やがて回復した英雄がふたたび怪獣に挑戦し最後には勝利する。その様子を少し離れた観音様がじっと見つめている。これは架空の事例であるが、夢や箱庭を通じて、このようなイメージに会うことは想像以上に多いのではないだろうか。このときセラピストの仕事は何か。河合（2016）は「心理療法家の仕事のひとつは、来談した人が自分のアイデンティティを探求していくのを助けることである。このことは……『自分の物語』の創造ということと同義語といっていい」（p.5）と述べている。

　セラピストの役割は、例えば上記のようなイメージが、この来談者にこの時点で現れたことが、その人がご自身の物語を創造するうえでどのような意味をもつのかを懸命に考えることであろう。そのために、セラピスト自身が神話を読み、昔話を読み、物語を読むのである。神話は事物を「基礎づける」ものであり（河合, 1967, p.139）、昔話は「普遍的無意識のもっとも純粋で簡明な表現」（von Franz, 1970, p.1）であり、物語は「関係づけ

る」はたらきを持つ（河合, 2016, pp.5-6）のである。日本に伝わる物語の中に、例えば上記のような英雄と怪物の戦い、英雄の死と復活、それらによって示される個性化過程、またプロセスを見守る観音様などの要素を含む物語を見つけることができるであろうか。

(2) 本稿の目的

　本稿では説経節から「信徳丸」を取り上げて分析心理学の視点から読む。なぜ「信徳丸」なのか。一つには、この物語は我が国で古くから語り伝えられた "お話"（昔話、説話、伝説、物語等）の中で、クリアに個性化過程が描かれているものの一つと思われるからである。

　また「信徳丸」は、主人公の個性化過程を描くにあたって、主人公（英雄）がニグレド的状態に陥るさまを描いている。ユング心理学ではニグレド（黒化）はよく知られた概念である（Jung, 1968）。中世日本の物語の中で個性化過程が描かれ、またニグレド的状態がその中の一つの重要な段階として描かれていることは、Jung の言う個性化過程、あるいはその基礎となる普遍的無意識や元型などユング心理学の重要概念が時代と文化を超えた普遍性をもつことを示唆するものと言えようし、少なくともその一つの傍証となると思われる。

　最後に、「信徳丸」物語では観音菩薩が活躍する。主人公信徳丸の旅路の背後には常に観音がいる。この物語は、個性化プロセスにおける人間以上の存在の働きについて、日本人が過去において、どのようにイメージしていたかを考えるうえで、言い換えると日本人の個性化と宗教性を考えるうえで、興味ある資料を提供していると思われるのである。

(3) 説経節と個性化過程

　説経節は舞や古浄瑠璃と同じく、中世に起源をもつ語り物の一つである。諸国を巡り歩く無名の下級仏教者たちが、布教や勧進のため人々を集め、ものがたりの形で経を説いたことが起源となったとされている（荒木・山

本, 1973, p.314)。つまり説経節は、無名のそして無数の人々が語り手とし
て、また聴き手として関与しつつ長い時間をかけて形成されてきた物語群
である。説経節は、日本人のこころの奥底にある元型とその表現、つまり
元型的イメージについて考えるとき、重要な資料であると言えよう。

⑷ テキストについて

　テキストは荒木・山本（1973）所収の「信徳丸」を使用する。テキスト
からの引用は「荒木・山本, ページ番号」で示すが、省略した場合もある。

2　説経「信徳丸」を読む

⑴ さまざまに取り上げられる「信徳丸」物語

　説経「信徳丸」は、河内の高安（現・大阪府八尾市）に伝わる高安長者
伝説に基づく。長者の息子信徳丸が継母の呪いによって重い病になること、
彼の苦しみ、放浪、恋人乙姫の献身的行動と救済の物語である。

　高安長者伝説は説経節「信徳丸」のほか、謡曲「弱法師」（15世紀初頭）
の題材となっている。浄瑠璃「摂州合邦辻」（1773年初演）は説経「信徳
丸」と「愛護若」に基づく。小泉八雲（Lafcadio Hearn）は早くから日本
の門付け芸に関心をもち、大黒舞から「信徳丸」と「小栗判官」の英訳を
行っている（Hearn, 1896）。折口信夫は信徳丸に基づいて小説「身毒丸」
を書き、三島由紀夫は戯曲「弱法師」を書いている。その他、信徳丸を題
材にとった作品はジャンルを超えて数多い。信徳丸は時代を超えて人々に
訴えるものをもっている。

⑵　両親の前世と信徳丸の誕生

　河内の国高安の信吉長者夫婦には子どもがなかった。そこで夫婦は清水の観音に詣で、子どもを授かることを祈る。すると夜半ばかりのこと、御本尊が長者夫婦の枕がみにお立ちになった（荒木・山本, p.119）。清水の観音は、この長者夫婦は前世で殺生の罪を犯した、それで子どもに恵まれないのだと指摘する。前世において父親は樵であった。山焼きをしたとき、12個の卵を抱えたキジの夫婦を焼き殺した。その恨みで子種がないのだ。また母親は瀬田の唐橋の下に棲む大蛇であったが、これも12個の卵を抱えたツバメ夫婦を呑み込んでしまった。その恨みで母親にも子種がないのであった。

　人間も動物である以上、生きていくためには殺生の罪を犯さざるを得ない。しかし、前世での彼らは必要以上に冷酷であったのだ。このような解釈がひとつ可能であろう。

　しかし、ここでは数12が繰り返されていることに注目せざるを得ない。あるシンボルが繰り返して提示されることは、その重要性を示しているであろう。数12は非常に豊かな象徴性をもつ（12の月、12星座、12使徒など）。しかし、説経節が元来仏教の布教と関係が深かったことを考えると、ここでの数12は仏教の十二縁起説に強く関係していると考えるのが自然と思われる。ここでは詳細に入れないが、十二縁起は無明から始まって老死に至る系列である（あるいは老死から無明まで逆に辿ることもある）。菩提樹の下で仏陀が悟りを開かれたときの悟りの中心的な内容の一つであり、したがって仏教の中心的な教義とされている（Miyuki, 1985a, p.131）。つまり数12は悟りの完成に至るプロセス、言い換えれば、個性化過程の象徴と考えられる。ところがこの夫婦はそれぞれの前世において12個のいのち（卵）を殺したのである。このことは彼らが個性化に失敗したこと、ないしは放棄したことを意味する。夫婦が子どもを望んだことは、自分自身の個性化の失敗・挫折の恢復を子どもに託そうとしていると解釈可能であろう。

　前世の罪を指摘されても長者夫婦は諦めない。「過去の因果は悪しくとも、方便にて」子どもを授けて欲しいと喰い下がる。授けてくれなければ

観音の目の前で切腹し、臓腑を摑み出して投げつけてやると脅かす。一方で、子どもを授けてくれるならば、御堂を建立し、古くなった舞台を金銀で造り直してさしあげると約束する。

長者夫婦は脅しと金の力しか頼るものがない。この夫婦はエロス（愛と生命の喜び、他者との真の関係）を失っている。信徳丸は両親の個性化の失敗を恢復し、エロスの喪失を克服するという課題を背負って生まれてきたと言えよう。あるいは、すこやかな成長にとっては不利な環境や素因のもとに生まれてきたけれども、自分の可能性を実現しようと苦闘するすべての子どもたちの歩みを象徴しているとも言えよう。

観音は「子が成長し7歳になったとき父か母どちらかの命が失われるが、それでもよいか」と確認する。夫婦はそれを受け入れ、男子（信徳丸）が生まれる。

子どもを育て上げるのは大変な仕事である。ある意味で命がけの仕事とも言える。観音は、お前たちにはその覚悟があるかと確認したというのが一つの解釈である。

またNeumann（1954）の指摘するように、英雄神話は基本的に母殺し、父殺しの物語である（第1部B英雄神話）。子どもは両親を克服することによって真の英雄になる。つまり子どもを欲しがる親は、子どもによって否定され、克服されることを甘受しなければならない。観音はその点を確認したとも考えられる。

夫婦は「それでもよいから子どもが欲しい」と答えた。ひたすら子どもを産むことを願うこの母親は、アニマ像としては生物学的段階（河合，1967, p.205）にあると言えよう。そもそも母親の前世は大蛇であったのであり、Neumann（1954）の言うウロボロス的段階を示していると考えられる。

⑶　母親の死、父の再婚と継母の悪だくみ

信徳丸は長じて信貴山で学問した。秀才であり、また舞の名手であって、四天王寺に稚児舞を奉納する名誉を得た。稚児舞の際、和泉の国蔭山長者

の娘、乙姫と恋仲になった。乙姫は信徳丸の内的世界において動き始めた最初のエロスを表現していると言えよう。

信徳丸の母親は、「信徳丸は13歳になったが、夫婦のどちらも無事ではないか。清水の御本尊さえ、嘘をおつきになる。我々人間も嘘をつき、世渡りしましょうよ」と暴言を吐く。氏子を憐れむ観音の慈悲によって生かされているとは気づかない。想像力が欠如していた。

清水観音はこれを聞いて大いに怒る。「氏子が不憫と思えばこそ、善い事は内に入れ、悪い事は千里の外に払いのけてやっている麿（自分）を嘘つきの仏という。これをそのままにしておくわけにはいかぬ」と母親の命を奪ってしまう。

信吉長者と信徳丸の嘆きは大きかったが、親戚たちは「若い盛りの信吉殿に、御台がなくてはかなうまい」と衆議一決、公家の姫君を後妻に迎える手はずを整えてしまう。信徳丸は持仏堂に籠り、母親の百ヵ日も過ぎないうちに後妻をもらう父を怨み、亡き母を悼む。

3年後、後妻には男の子が生まれる。後妻は自分の産んだ弟の方を嫡男にしようと考え、清水寺に詣で、「信徳丸の命を取ってください。さもなければ、人の嫌う異例（病気）にしてください」と願い、清水寺、祇園はじめ都じゅうの主な寺社に呪いの釘を打ちつけた。このため信徳丸は業病となり、両目がつぶれてしまう。

信徳丸が盲目となることは、十二縁起の系列が無明から始まることと併せて考えるとき、興味深い。信徳丸のプロセスは無明から始まるのだ。

清水の観音からの罰による母親の死と後妻の登場は、信徳丸の内的世界における母性が非常にネガティブなイメージに姿を変えたことを意味する。プリミティヴだがそれなりに養育的な母親（nourishing mother）が恐ろしい母親（terrible mother）へと変質したのである。母親イメージにおけるこの変化は、信徳丸が乙姫という恋人を得たと同時に起こっている。恋が芽生え、母親からの自立が課題になった段階において、母親元型のもつ多様な性格のうち、恐ろしい母親が表面化しクローズアップされたと考えられよう。

ここでの乙姫は、信徳丸にとってさしあたりロマンティック段階の女性

像である。ウロボロス的段階の母親は、ロマンティック・アニマ（乙姫）とテリブル・マザー（継母）の二つに分裂したのである。

念願かなって喜んだ継母は、夫信吉長者を説得し、信徳丸を捨てるようしむける。妻に屈した信吉は、信徳丸を天王寺に捨てるよう命じた。信吉は弱い父性を示しており、ネガティブな母性の唆しに抵抗できなかった。

---

(4) 個性化の旅

観音が現れる　信徳丸は天王寺に捨てられ、一夜を明かして、途方に暮れる。このとき清水の御本尊は「氏子不憫と思しめし」、信徳丸の夢に現れる（荒木・山本, p.140）。

観音は信徳丸に次のように告げる：「いかに信徳よ、御身が異例、しんから起こりし異例でなし。人の呪いのことなれば、町屋へ袖乞いし、命を継げ（お前の病気はしんから起こったものではない。ひとからの呪いと関係することなのだ。だから乞食をして生きのびなさい）」。慈悲深い激励の言葉である。しかし問題もある。乞食をして生き延びていけば、その先に何があるというのか。観音が救ってくれるというのか。そもそも義母の呪いを聞き入れて信徳丸を病気にしたのは観音自身ではないか。この点は、後段で検討する。

父親からの分離独立　観音のお告げに対する信徳丸の反応を見てみよう。彼は次のように言う：「有り難い夢のお告げであることよ。業病にもならない自分が父の機嫌を損ね、その結果として乞食に落ちぶれたのであれば、自分自身の恥であろう。（父上は）業病になったわたしを親であるのに世話しかねて捨てられた。その結果わたしが乞食しなければならないことは（わたしの恥ではなく）父の名誉にかかわることだろう。それなら観音様の教えに任せ、物乞いをして生きて行こう」（荒木・山本, p.140）。

ここで信徳丸は単に「有り難い夢のお告げだ。観音様のこの言葉を信じ、物乞いをして生きて行こう」と言ってもよかったはずである。しかし彼は父と自分についての長々しい述懐を口にする。信徳丸にとっては、一般論ではなく自分の個別的状況に即した形で、物乞いに身を落とす理由が必要

だったのであろう。彼の父親はその名に値しない人間だった。自分が乞食に身を落とすことは自分の恥ではない。父親の恥なのだ。それは父親を突き放して見ることによって初めて得られる認識であった。信徳丸はここで父親を客観化できた。客観化は父からの分離独立の第一歩である。これは信徳丸の個性化プロセスの最初の一歩、大きな飛躍であったと言えよう。

しかし現実は厳しい。信徳丸は天王寺七村を乞食して歩く。人々はよろめき歩く彼を「弱法師」と呼んだ。1、2日は施しをしてくれるが、やがてだれも相手にしてくれなくなるのであった。

熊野への旅立ち　ここで清水の観音が再度現れる。観音は虚空から「御身がやうなる違例は、これより熊野の湯に入れ。病本復申すぞや。急ぎ入れや」と告げる（荒木・山本, p.141）。これに従った信徳丸は、盲目の身ながら、聖地熊野を目指して旅立つ。

信徳丸は熊野行きを放棄し天王寺へ戻る　熊野へ向かう信徳丸は、たまたま恋人乙姫の実家、蔭山長者の住む近木の庄にやって来る。観音がまたまた姿を現し、「このところの金持ちがお前のような乞食に施行（貧者への施し）をしている。行って施行してもらい命をつなぎなさい」と教える。約束を交わした乙姫の実家とは夢にも知らない信徳丸は長者の屋形に行き「熊野へ通る病者に斎料をください」と食事を乞う。しかし彼を見知った者がいて騒ぎ立てた。信徳丸は面目ないと思い、天王寺に戻ることにする。ここでなぜ信徳丸は、熊野行きを放棄し、天王寺へ戻ったのか。いくつかの理由を考えることができよう。

最初に考えられることは、信徳丸が乙姫も家人と一緒になって彼を嘲笑したと誤解したことである。彼は絶望し、熊野への旅を続ける気力を失ったのである（少なくとも乙姫は信徳丸がそのように誤解したに違いないと考え、彼を追って旅に出る）。信徳丸はロマンティック・アニマたる乙姫を喪失したのである。ポジティヴなアニマの喪失が男性にとっていかに破壊的な影響を与えるかがここに描かれていると考えられる。

しかしこれだけではテキストに書かれた信徳丸の次のような「くどき」の意味を十分に説明できない。「病さまざま多けれど、目の見えぬこそもの憂けれ。目が見えねばこそ、かくまい恥をかくことよ。たとい熊野の湯

に入りて、病本復したればとて、この恥をいずくの浦にてすすぐべし。天王寺へ戻り、人の食事を給わるとも、はったと絶って、干死にせん」（荒木・山本, pp.141-142）。熊野の湯に入れば、自分の業病は治るかもしれない。しかし自分がこれまで盲目であったという恥を雪ぐことはできない。それならいっそ天王寺に戻って、たとえ食事を恵んでくれる人がいたとしても断って飢え死にする道を選ぼう、と信徳丸は独白する。

　ここには自分が何らかの意味で病者であったこと、現在も病んでいることを自覚した者の悲痛な感情が表現されていると思われる。それは個性化過程における最大の関門であり、躓きのもとではないであろうか。自分は健康を取り戻し目が明く（本来の意識を取り戻す）かもしれない。それによってさらに成長できるかもしれない。しかし、それには痛切な悔いと苦しみの感情がともなう。失われた時間と可能性への悔いである。その悔いと苦しみを乗り越えて、さらに一歩を進めることは非常に難しい。治ることへの抵抗には非常に根強いものがあると考えられる。

　第3の可能性として、信徳丸は観音の助言を捨てることによって、観音からも自立しようとしたのかもしれない。一般に観音には女性的なイメージが強いが、この物語での観音は自分のことを「麿」と呼ぶ。つまり男性であり、父性イメージを担っている。さきに信徳丸は実父を客観化し、父親からの分離独立を果たしたのであるが、さらに観音の助言を放棄することで、父親元型の支配そのものからの脱出を図ったと考えることもできる。

　天王寺に戻った信徳丸は非常な落ち込みを経験する。アニマを失い、観音との間に距離を取った信徳丸は今や真に孤立無援であった。「天王寺引声堂に、縁の下へとり入りて、干死にせんと思しめし、信徳丸の心の中、あわれともなかなか、なにに譬えんかたもなし」（荒木・山本, p.142）であった。しかしこれはニグレド的状態であって、「重要なことが今にも起こりそうなことを示唆する」（Samuels et al., 1986/1993, p.172）。事実、こののち天王寺で信徳丸は乙姫に再会する。

乙姫の献身　家人から信徳丸が去っていったことを聞かされた乙姫は、いてもたってもいられなくなる。父母に暇を請い、信徳丸を探すため熊野に向けて出発する。紀伊の国に入り、紀ノ川を渡った乙姫は藤白峠までたど

り着く。和歌山県海南市にあるこの峠は、古来熊野詣の旅人にとって重要な節目の場所であった。ここで乙姫は「これほどあちこちを尋ね廻っても、夫の行方が知れないのは、きっともうどこかの淵川に身投げしてしまったのであろう。もう熊野まで行ってもしかたがないだろう。古里に戻って、せめて夫の死骸だけでも探し当て、弔いをしよう」（荒木・山本, p.145）と考え、戻ることにする。

　乙姫は藤白峠で信徳丸の生死について絶望したのである。真の救済が得られる前には、援助者にも絶望が訪れなければならないのかもしれない。藤白峠はむかし有馬皇子が処刑された悲劇と絶望の場所として歴史に刻まれている。乙姫は、父の館に戻ればもう二度と出してくれないだろうから、上方へ行こうと住吉から天王寺に向かった。

天王寺での再会　天王寺で思い出の場所、かつて信徳丸が稚児舞を舞った石舞台を懐かしんだ乙姫は、蓮池に身投げしようと袂に石を入れ、最後の祈りをする。そこで施しを求めて声をかけたのが信徳丸であった。それを聞いた乙姫は、縁から下に飛んで降りる。見ればやはり信徳丸であった。乙姫は彼に抱きつく。「乙姫ですよ。まずお名乗り下さい」。信徳丸はなお否定しようとする。乙姫は「乙姫でないものが、御身のような並みでない人に抱きつくものですか。さあお名乗りなさい」と嘆く。そこまで言われた信徳丸はやっと自分を認める。乙姫は信徳丸を肩に背負い町にでる（荒木・山本, pp.145-146）。

　信徳丸は絶食によって、乙姫は入水によって、それぞれ死の一歩手前までいく。二人がともにそのギリギリまで行った瞬間において二人は出会った。逆に言えば、二人がその限界に身を置かなければ、二人の出会いと救済は達成されなかったのではないだろうか。

　この場面での乙姫は至高の愛の姿である（「乙姫でないものが、御身のような並みでない人に抱きつくものですか」）。ロマンティック段階のアニマから、聖母マリアによって典型的に示される霊的な段階のアニマ（河合, 1967, p.206）に変容している。

呪いからの解放　二人は、京の清水寺に参詣し、信徳丸の病の平癒を祈る。乙姫の前に現れた観音は「明日、本堂の階段に置いてある鳥箒を使えばよ

い」と告げる。乙姫がその鳥箒で信徳丸を三度撫でると、継母の打ち込んだ呪いの釘がすべて抜け、もとの信徳丸となった。

吉野（1982, pp.92-103）によれば、日本には箒神の信仰があった。箒神には二つの役割があるという。一つは出産の際に産婦を守る役割。安産の神である。いま一つは、葬儀での役割である。鳥箒は死と再生に関わる魂の変容のシンボルであると言えよう。

帰郷　恢復した信徳丸と乙姫は清水観音に礼拝したあと、乙姫の故郷、和泉の国近木の庄めざして急ぐ。乙姫の父親蔭山長者は信徳丸に対面し、家族の喜びは限りない。信徳丸は目の見えぬ間に人々から受けた恩義に報いたいと阿倍野で施行を行う。

父親への報い　これより先、信吉長者夫婦の行く末はどうなったか。原文には「継母のかたち（容貌）へは報いで、信吉殿に報うてあり。両眼ひつしとつぶれてに、これはこれはとばかりなり。……身は貧凍になりぬれば、河内の国高安にたまられず、丹波の国へ浪人とぞ聞こえける」（荒木, p.147）。ちょっと考えると、信徳丸を呪って盲目とした継母に報いが来るはずであるが、実は父親の目がつぶれた。父親は現実を「見ない」という罪、意識化を怠るという罪を犯したのだ。父の犯した無意識に留まる罪は、継母の犯した呪いをかけるという意識的な行為の罪よりも重いのであろう。

夫婦は貧乏で凍えるようになり、浮浪者となって丹波の国に流れて行った。その後、阿倍野での施行のことを聞き、家族を連れて阿倍野に向かう。

父親との和解　盲目となり天王寺に捨てられた信徳丸の「（それは、わたしの恥ではなく）父の名誉にかかわることだろう」という独白によって信徳丸の父親からの分離独立が示唆された。若者が父親との分離独立を達成したとき、次に課題となるのは父親との和解である。信徳丸の父親との和解は彼が父親の目を癒すことで示唆されている。しかし、息子も父も代償としてそれぞれの苦しみを支払わなければならなかったのである。

阿倍野での施行に家族連れで現れた父を見つけた信徳丸は、かの箒を使って父親の目を治し、御台（継母）と弟を「御白州に引き出し、首切って捨てにける」。その後、父と共に河内に戻り実母を弔う。ここにおいて青年信徳丸のグレートマザー克服と父親との和解が達成された。物語は一応

の帰結を迎えた。

3 考察

(1) 説経「信徳丸」に描かれた主人公の個性化過程

　説経「信徳丸」をユング心理学の観点から検討した。「信徳丸」は運命と戦う主人公と、彼の恋人を描いている。そこでは、ウロボロス的母性像の段階からロマンティック・アニマ、そして聖女的な愛と救済の段階に至るまでの内的女性像の変容、否定的母親像の克服、父親の否定と和解など、個性化にとって重要なテーマが扱われている。これを男性の個性化と限定する必要はなく、女性の中の男性性の成熟と変容プロセスと考えることも可能であろう。

　河合（1982）は日本の昔話の中では、英雄が怪物を退治し、女性への求婚に成功する物語が少ない事実を指摘している（pp.17-18）。その少ない例に属するが、説経節においては、信徳丸も小栗判官も怪物を倒し、恋人との結婚に至るのである。つまり、少なくとも説経節という日本文化に深く根差した語り物では、西洋的な意味での個性化過程を描いた物語が語られている。これは Jung の言う個性化過程が普遍的なプロセスであることの一つの傍証であり、また普遍的無意識が、その名の通り、時代と文化を問わず、人間性に広く共通したものであることを示唆していると思われる。

(2) 英雄のニグレド的状態とアニマの役割

　西洋の英雄は怪物の腹中に在っても英雄らしさを失わない（Jung, 1956, pars.309-310）。日本では、英雄は徹底的に無力な状態に陥り、女性の助けを得てそこから復活する。

小栗判官は毒殺された結果、四肢が萎え自力では動くこともできない、餓鬼阿弥の姿に転落する。すでにみたように、信徳丸も継母の呪いによって盲目の異例者（業病）となり、よろけながら乞食して歩く。餓鬼阿弥となった小栗とほとんど同様のニグレド的状態に陥るのである。小栗の照手姫が餓鬼阿弥を載せた土車を引くのと同じく、信徳丸の恋人乙姫は彼を追ってはるばる紀州まで行く。

　ここで興味深いのは、同じ説経節にある「愛護若」である。ごくかいつまんで述べると、主人公愛護若は継母からの邪恋を拒絶したため讒言され、実父によって追い出される。放浪ののち、愛護若は非業の死を遂げる。結果的に彼の死は継母と実父をはじめ、関係者全員の死をもたらす。登場人物のすべてが死に絶えるのであるから凄まじい結末である。

　なぜそういう悲劇となったか。愛護若にはポジティヴなアニマが登場しないのである。照手姫や乙姫のように、主人公を助け、ニグレド的状態から救いだし、英雄としての変容をもたらす女性性が不在なのである。

　「信徳丸」「小栗判官」「愛護若」、これら説経節に属する三つの物語を仮に三点セットとして見ると、この三部作は個性化過程におけるニグレド的状態の必然性、そこからの脱出と最後の変容には内的女性性の援助が不可欠であること、および援助的アニマが不在の場合、いかに破滅的状況がもたらされるかを見事に描いている。

　中世日本の民衆がこのような物語を持ち得ていたことは、古来日本人が個性化過程について深い洞察をもっていることを示していると思われる。この洞察に支えられてわれわれは、面接室でお会いする現代の信徳丸や小栗を前にして、ニグレド的状態にたじろがず、むしろそれを歓迎できるのではないか。また女性性（感情、エロス）が動き出すのを辛抱強く待つことができるのではないかと思われる。

---

(3)　観音について

　説経「信徳丸」の特徴の一つは、観音が活躍することである。観音は信徳丸や乙姫にしばしば語りかける。彼らの夢に現れる場合もあるし、空中

から語りかける場合もある。格別長い対話があるのではないが、乙姫に対しては、自らを語り、ある種の弁明（apologia）を行っている。「信徳丸」は日本人の観音信仰について考えるうえで一つの資料となると思われる。

観音の功徳　説経節は元来、布教や勧進を目的とする語りであった。説経「信徳丸」は、民衆に観音の功徳を説くための手段であったと思われる。語りの中で「氏子不憫」と繰り返されることは、観音の慈悲を人々にアピールするためでもあっただろう。

　観音経典の代表的なものは、法華経の一部「観音経」である。観音経では「念彼観音力」とリズミカルに繰り返される。例えば、「呪詛諸毒薬所欲害身者　念彼観音力　還著於本人（呪いと諸々の毒薬に　身を害われんと欲られん者は　彼の観音力を念ぜば　還って本の人に著きなん）」（法華経（下）, p.262）とある。観音の力を念ずれば、呪いや毒は、加害者の方に向かう。まさに信徳丸の筋立てそのものである。

舞台回しとしての観音　説経「信徳丸」での観音は、子を求める信吉長者夫婦とのやりとりから始まり、御台の暴言への怒りと懲罰、継母の呪いの実行、信徳丸への袖乞いの奨め、熊野参詣の奨め、蔭山長者屋敷訪問の奨め、最後の乙姫への夢告など、物語展開のポイントにはすべて登場し、舞台回しを務めている。観音が陰の主人公と言ってもよいくらいである。ここでの観音は、普段はわれわれの意識の外にあるが、深いところで原動力となって人生を動かし、規定している何ものかの存在に気づかせる。

　観音の言動はときには思わぬ展開を呼ぶ。例えば観音は信徳丸に熊野参詣を奨め、彼が近木の庄まで来たとき、旅の道者に姿を変えて信徳丸に近づき、「この所の有徳人がお前さんのような乞食に施行をしているから、行って施しを受けて、命をつないだらどうか」と教える。その有徳人が恋人乙姫の父親蔭山長者であることは、故意か偶然か、告げない。結果的に、蔭山屋敷の人々に嘲笑された信徳丸は熊野行きを放棄し、天王寺へ戻る。乙姫は家を出て信徳丸を探す旅に出る。それが最終的に天王寺での再会と信徳丸の救済につながる。

観音の言葉を読み解く　ここで観音と信徳丸との最初の問答に戻ろう。「いかに信徳よ、御身が異例、しんから起こりし異例でなし。人の呪いの

ことなれば、町屋へ袖乞いし、命を継げ」。なんとなくわかったようであるが、真意が摑みにくい。例えば「人からの呪い」と「乞食をして生きていけ」をつなぐ接続詞「なれば（だから）」はどう理解すればよいのか。

それが理解しがたいのは、われわれ現代日本人があまりにも仏教の教えから離れてしまったからであって、中世の人々、説経節の聴き手たちには案外すっと理解されたかもしれない。説経節はもともと布教を目的とした語りであった。この部分には仏教の基本が説かれているのではないだろうか。本稿では仏教の教義を解説するのが本意ではないが、Miyuki（1985a, 1985b）、河合（1995）を参考にしながら、仏教の教義を頼りに信徳丸の理解をさらに深めたい。

まず仏教では「無我」が説かれる。我というものはないのだから、病気になる我という主体は存在しない。したがって「真から病気」というありかたも存在しないことになる。

しかし、現に信徳丸は人の嫌がる病気になっているではないか。観音は「（それは）人の呪いのことなれば」と言う。仏教ではこの世のすべては相互連関的依存性（interconnected dependency）によって成立していると考える（Miyuki, 1985a, p.131また河合, 1995, pp.139-147）。これは相互連関であって、因果律による原因＝結果論ではない。観音は「人（継母）の呪いが原因だ」とは言わない。「ことなれば」と言うのである。

信徳丸の病気と継母の呪いは相互連関的である。あるいは相互依存的（interdependent）である。因果律的思考を叩きこまれた現代人には、ここは非常に分かりにくいが、次のように考えられる。一方から言えば信徳丸は継母に呪われたから病気になったと言える。これが普通の理解である。しかし仮に信徳丸がいなければ、彼女はただの後妻であって、継母ではないし、悪巧みをする必要も生じない。つまり、信徳丸という存在自体が継母の呪いを呼び起こす一つの条件になっている。その意味で両者は相互連関的、相互依存的関係で結びつけられている。同様に、相互連関性のネットワークによって信徳丸、両親、継母、腹違いの弟、乙姫、その他この世のすべてが結びつけられていると考えるのである。

さらに考えを進めると、相互連関性の網の目こそが実体であって、われ

われはそのネットワークのなかの一つの結節点であり、さまざまな関係がたまたま寄り集まってできた「こぶ」のようなものだと考えられる。われわれは「こぶ」に過ぎない自分が実体であると誤解しているのである。その誤解が迷いである。迷いであるから万事われわれの思うようにはいかない。それが苦の世界である（Miyuki, 1985b, p.117）。

　仏教にはもうひとつ、四諦（四つの聖なる真理）という考え方がある（Miyuki, 1985a, p.132）。これも仏陀の悟りの内容であったとされる。まず苦諦（この世はすべて苦であるという真理）。次に集諦（苦の発生についての真理）、滅諦（苦の消滅についての真理）。最後に道諦（苦の消滅につながる正しい道についての真理）である。これらの詳細についてここで述べることはできないが、最後の道諦は実践としての八正道を説く。托鉢を含めた仏弟子としての正しい生活が八正道である（最近注目のマインドフルネスも八正道である）。観音が信徳丸に奨めた袖乞（乞食）は、僧侶がこれを行えば托鉢にほかならない。つまり観音は信徳丸に「八正道を実践することによって、おのれを苦から解放せよ」と諭したのである。説経「信徳丸」には仏教の基本的考え方のいくつかが含まれていると言えよう。

悪と観音　しかし、ここで説経節の聴き手たちには一つの疑問が生じたであろう。最初に観音が継母の呪いを聞き入れて、信徳丸を異例者（病気）にしたのはなぜか。観音は継母という悪人の願いを聞き入れて、何の罪もない信徳丸を苦しめたではないか。観音は悪人の味方なのかという疑問である。聴き手の多くは貧困や病に打ちのめされ差別にあえぎ、信徳丸と同じ苦しみのもとに呻吟する人々であった。「信徳丸が苦しみを通じて成長するために、わざと一度は困難の中に投げ込んだのだ」という答えでは満足しなかったであろう。

観音の答えと just-so-ness　観音が乙姫の夢に現れ、次のように言う：「いかに乙姫、昔が今にいたるまで、人の頼むに頼まれより、継母の母が参りつつ、麿が前に、十八本、釘を打つ。…（中略）…麿をさらに恨むるな」（荒木・山本, 1973, p.147）。「人の頼むに頼まれよ」は諺である（荒木・山本, 1973, p.159）。「人から頼まれたときは、その頼みを聞いてやるものだ」という意味であろう。観音は「昔から今に至るまで自分はそのよ

うにやってきた」と言う。言い換えれば、「自分は本来、つまり無条件に、そういうものなのだ」というのである。それ以上、説明可能な理由はないのだ。これが観音の答えである。だから「麿をさらに恨むな」と言うのである。これは von Franz（1974）の言う自然的存在（just-so-ness）（p.242）と通じるものがあろう。

　たとえ悪人であっても信徳丸の継母が自分の前に来て強く願ったことは実現してやるのが自分のやり方なのだ。しかし、信徳丸が天王寺に捨てられたときは、氏子の不憫さから、頼まれなくても彼の前に現れて助言してやったではないか。その後も何度も現れて、彼の進むべき方向を示してやったではないか。

　時の流れに洗われても、このかたちでテキストが残っていることを考えると、聴き手たちは観音の「そのようなものであること（just-so-ness）」を受け入れていたと思われる。説経節を享受し支えた人々は、観音はときに悪人の願いを聞き入れる場合もあること、しかし彼の観音の力を念ずれば、紆余曲折はあるにしても究極的には善人が救われるであろうことの両方を信じたのであろう。自然的存在であることと、それに救いを期待することは、論理的には両立しがたい。しかし宗教は論理ではない。民衆はその両立を信じたのである。

4　まとめ

　本稿では説経節の「信徳丸」をユング心理学の観点から検討した。「信徳丸」は主人公の個性化過程を描いた物語であり、恋人の獲得、否定的母親像の克服、父親からの独立と和解など、若者の個性化過程が扱われている。主人公の内的女性像は、ウロボロス的母性像からロマンティック・アニマ、そして聖女的な愛と救済の段階まで変容する。主人公は徹底した無力状態（ニグレド的状態）に陥るが、恋人の献身によって救済される。

「信徳丸」では、観音が登場し、個性化過程の影の演出者として舞台回しを務める。観音は最初、継母の呪いを聞き入れることによって信徳丸を苦しめるのであるが、最後には彼の恋人乙姫に指示して彼を救済し、最後の変容へと導くのである。このような矛盾に満ちた観音を、むしろその矛盾のゆえに、中世日本人は信仰の対象としたのであった。

5 おわりに

筆者は説経節の世界に浸りつつも、一つの個人的解釈、あるいは感想を書き連ねる結果に終わった部分もあるかもしれない。少なくとも本稿を通じて、説経節の豊かな元型的世界の一端を示せたことを願っている。なおユング心理学の観点から信徳丸を論じた先行研究として、管見の範囲では、ユングの「ヨブへの答え」と「信徳丸」を比較した垂谷（1994）が注目される。

文 献

荒木繁・山本吉左右（編注）（1973）．説経節　平凡社

Hearn, L. (1896). *Kokoro: Hints and Echoes of Japanese Inner Life*. Boston and New York: Houghton Mifflin.

Jung, C. G. (1956). Symbols of Transformation. *CW* 5. Princeton, NJ: Princeton University Press.

Jung, C. G. (1968). Psychology and Alchemy. *CW* 12. Princeton, NJ: Princeton University Press.

河合隼雄（1967）．ユング心理学入門　培風館

河合隼雄（1982）．昔話と日本人の心　岩波書店

河合隼雄（1995）．ユング心理学と仏教　岩波書店

河合隼雄（2016）．物語を生きる　岩波書店

Miyuki, M. (1985a). The ideational content of the Buddha's enlightenment: A Jungian approach. In J. M. Spiegelman & M. Miyuki (Eds.), *Buddhism and Jungian Psychology*.

Phoenix, Arizona: Falcon Press, pp.127-136.（目幸黙僊　仏陀の成道内容〈ユング
心理学的理解〉　目幸黙僊（監訳）森文彦（訳）（1990）．仏教とユング心理学
春秋社　pp.215-227.）

Miyuki, M.（1985b）. Living with Duhkha. In J. M. Spiegelman ＆ M. Miyuki（Eds.）,
Buddhism and Jungian Psychology. Phoenix, Arizona: Falcon Press, pp.117-125.（目幸
黙僊　苦と共に生きる　目幸黙僊（監訳）森文彦（訳）（1990）．仏教とユング
心理学　春秋社　pp.202-214.）

Neumann, E.（1954）. *The Origins and History of Consciousness.* New York: Pantheon Books.

坂本幸男・岩本裕（訳注）（1967）．法華経（下）　岩波書店

Samuels, A. et al.（1986）.*A Critical Dictionary of Jungian Analysis.* London: Routledge.（山
中康裕（監修）濱野清志・垂谷茂弘（訳）（1993）．ユング心理学辞典　創元
社）

垂谷茂弘（1994）．光と闇の意識化　ユング研究, 6 , 79-107.

von Franz, M-L.（1970）. *The Interpretation of Fairy Tales.* Boston: Shambhala.

von Franz, M-L.（1974）. *Number and Time: Reflections Leading toward a Unification of
Depth Psychology and Physics.* Evanston, IL: Northwestern University Press.

吉野裕子（1982）．日本人の死生観──蛇信仰の視座から　講談社

（2018年 3 月 9 日受稿　2018年11月27日受理）

●要約

　本論文では、中世日本の語り物である説経節から「信徳丸」を選び、ユング心理学の観点から分析した。「信徳丸」は運命と戦う主人公と、彼の恋人を描いている。その意味で若者の個性化過程を描いた作品と読むことが可能である。そこでは、ウロボロス的母性像の段階からロマンティック・アニマ、そして聖女的な愛と救済の段階に至るまでの内的女性像の変容、否定的母親像の克服、父親の否定と和解など男性の個性化にとって重要なテーマが扱われている。また、観音が登場し、主人公の個性化に大きな影響を与えるが、観音は悪人の味方かという問題も扱われていることが注目される。「信徳丸」「小栗判官」「愛護若」の三部作は、個性化過程におけるニグレド的状態の必然性、そこからの脱出と最後の変容には内的女性性の援助が不可欠であること、およびアニマが不在の場合、いかに破滅的状況がもたらされるかを見事に描いている。

　　　キーワード：説経節、個性化過程、観音信仰

Shintokumaru: Inner Femininity and Kannon Deity in the Individuation Process of a Young Man: Archetypal World of Sekkyo Bushi (2)

MORI, Fumihiko

Kobe Dojinsha

　Sekkyo Bushi is a narrative performing art which enjoyed great popularity until the end of Edo Period. In this paper we choose "Shintokumaru" and present a Jungian analysis of the story. The story depicts the individuation process of a young man, Shintokumaru, and his lover, Otohime, who cope with the curse inflicted upon the boy by his step mother. The story includes the transformation of internal feminine figure from uroboric great mother to a romantic anima, and finally to the holy woman of love and salvation. Shintokumaru's adventure includes important elements in the process such as his victory over negative mother, and resistance and reconciliation w.r.t. father figure. Kannon plays an important part in the process. The question is considered whether Kannon is purely on the side of goodness or not. Shintokumaru, Oguri-Hogan, and Aigo-no-waka form a trilogy which depicts the inevitability of nigredo state. Inner feminine plays essential role for the hero in his final transformation after overcoming the nigredo state. Lack of this anima figure leads to a devastating tragedy.

Key Words: Sekkyo Bushi, individuation process, Kannon Deity

印象記

国際分析心理学会関連大会印象記2018

河合俊雄
京都大学こころの未来研究センター

　国際分析心理学会（IAAP, International Association for Analytical Psychology）は、3年に一度の国際大会と代議員総会を2016年に京都で開催し、2019年にウィーンで大会が開かれる。その準備のように、前年にあたる2018年には多くの大会・会議が開催された。地域の大きな大会であるラテンアメリカ分析心理学大会が7月にコロンビアのボゴタで、ヨーロッパ分析心理学大会が8月に南仏のアヴィニョンで、北米の大会が9月にヒューストンで、さらには中国での大会が4月に開催された。圧巻だったのはラテンアメリカの大会で、若い人も含む多くの人が参加して活気にあふれていて、また発表も臨床的内容のもの、文化的内容のもの、ともに非常にレベルの高いものがあった。たとえばアルゼンチンの分析家カリン・フライシャーによるむずかしい治療例の発表、非常に共時的なことが多く生じたチリの分析家マリア・サイスによる発表は圧倒的な迫力を持っていた。特に後者は感動的であった。それに対して北米の方は、平均年齢も高く、勢いを失っている様子が明らかであった。アヴィニョンでのヨーロッパ大会も、発表は正直なところやや低調であったように思われる。

　このような通常の大会に加えて、リトアニアのヴィリニュス大学で5月に、スイスのバーゼル大学で10月に大学との共催大会が開かれた。これは国際分析心理学会にとって、全く新しい試みである。さらには8月にアヴィニョンで開かれたヨーロッパ大会の前にも、「分析心理学のヨーロッパ学術大会」と題する2日間のプレコングレスを設けて、大学やアカデミックな世界との連携を図ってきた。

以前から国際分析心理学会は、IAJS（International Association for Jungian Studies）との共催大会を３年に一度開くことで、アカデミックな世界との関係を保つようにしてきた。2018年の８月に、フランクフルト・ゲーテ大学で開催されたのが第５回にあたる。IAAP が分析家資格を持った会員だけから成り立っている組織であるのに対して、IAJS の方は、分析家も含まれるけれども、主に大学・研究所でユング心理学に関連する研究を行っている会員から成り立っている。しかしこれまでの共催大会で、あまりアカデミックな世界との関係が進んでいったわけでも、すぐれた研究成果が生まれてきたわけでもなかったように思われる。東ヨーロッパ、東アジア、ラテンアメリカでこそ大学に所属する分析家もいて、アカデミックな世界との関係がそれなりに保たれているものの、西ヨーロッパと北米で大学に関係している分析家は非常に少なく、現代の研究水準と傾向からやや外れてしまっている。それだけではなくて、大学にあまり関係していないと、学生とのつながりがなくなっていって、若い世代で分析家を目指す人も減っていく傾向になる。これはあたかもユングがチューリッヒ大学での研究職を辞した後遺症に国際分析心理学会がいまだに悩んでいるかのようである。このような危機的認識を踏まえて、上記のような大学との共催の大会がはじまったわけなのである。国際分析心理学会の現会長マリアンヌ・ミュラーは、自身はアカデミックな世界に直接属する人ではないけれども、大学との連携の必要性を痛感して、昨年は２つもの大会を開くように主導したわけである。ここでは主にこの２つの大会についてレポートしたい。

　リトアニアのヴィリニュス大学は、1579年に設置された、この地方では最も古い大学の一つである。そこの教授である Gražina Gudaitė はユング派の分析家であり、また国際分析心理学会の執行委員でもあるので、彼女を中心として大会は組織された。第二次大戦とロシアとの葛藤という問題に向き合っていた国らしく、全体のテーマは "Research in Psychotherapy and Culture: Exploring Narratives of Identity（心理療法と文化における研究：アイデンティティのナラティヴの探求）" であった（https://iaap.org/conferences/joint-iaap-vilnius-university-laap-conference/）。発表はすべて招待講演で、ユング派の分析家によるものと、リトアニア、ロシア、ドイツな

どの大学の研究者によるものが半々くらいで、400人くらいの熱心な聴衆が詰めかけていた。

　マレー・スタイン、ジョー・ケンブレイ、ヴェレーナ・カストなどの有名な分析家も発表を行い、特に「スーパーヴィジョンにおける文化的な感受性」と題されたカストの発表は、日本人のスーパーヴァイジーの例を用いていて、一方的にスーパーヴァイザーが正しいと思われることを押しつけるのではなくて、文化的な配慮が大切なことを示していて興味深かったけれども、それよりもロシアやリトアニアなどの地元の研究者による発表の方が感銘深かった。たとえば Vykintas Vaitkevičius による「リトアニアのパルチザンにおけるアイデンティティの発見：歴史対ナラティヴ」という発表は、リトアニアの第二次大戦中のパルチザン運動が、いかに森林における神秘性に傾倒し、牧歌的で秘密結社的なものであって、フランスなどにおけるパルチザン運動のようなシリアスさとは似ても似つかぬものであったかを示してくれた。全体主義や極右対民主主義のような枠組みでとてもではないけれどもリトアニアのパルチザン運動は割り切れないもので、そこには前近代の世界観が大きな位置を占めていたことがわかる。またロシアのケメロボの Vera Zabelina による「シベリアにおける多次元的な文化的アイデンティティと分析的心理療法」という発表は、シベリアのシャーマンを扱っていて、いかにまだシャーマニズムが文化に根づいているかを示してくれた。

　このなかで私は京都大学こころの未来研究センターにおける発達障害のプレイセラピーについての研究発表を行い、発達障害の心理療法がいかに可能で、また発達障害と日本文化の関連を論じた。

　バーゼル大学は、ユングが最初に学んだ大学であり、そこではユング派分析家でフライブルク・カトリック大学教授のクリスチャン・ロスラーが寄付講座において教鞭をとっており、彼を中心として大会が組織された（https://iaap.org/conferences/joint-conference-iaap-university-basel/）。全体のテーマは "Theoretical Foundations of Analytical Psychology: Recent Developments and Controversies（分析心理学の理論的基礎：近年の発展と議論）" で、主に元型理論の理解をめぐっていくつかの招待講演が行われ、特に日本でも

翻訳書がある脳神経学者のマーク・ソームズの基調講演は注目を集めた。いくつかの講演は非常にレベルが高いものであったけれども、バーゼル大学は場所を提供しただけで、そこの研究者との交流は生まれなかったのが残念であったと言わざるをえない。その意味で将来の大学との共催大会では、ヴィリニュス大学での大会のように地元の研究者との交流が図れて、ユング心理学の発展につながることができる方が望ましいように思われた。

　ここでのレポートの中心は大学共催の大会のことであるけれども、それに加えて、関連するフランクフルト・ゲーテ大学で開催されたIAAP/IAJS共催の学術大会と（https://iaap.org/conferences/iaap-iajs-conference/）、アヴィニョンでの学術プレコングレスについても少しふれておきたい。

　フランクフルトでは、現代の情勢を反映して、"Indeterminate States: trans-cultural; trans-racial; trans-gender（不確かな状態：超−文化的、超−民族的、超−ジェンダー的）" という全体テーマのもとで、すべての発表が公募されてプログラムが作られた。残念ながら参加者が過去の大会に比べて少なく、かなり発表のレベルにバラツキが見られるように思われた。日本からは分析家・研究者の多くの発表が行われ、日本人の発表は全体的にレベルが高かった。発表のうちのよかったものは、IAJSのジャーナルと、本に編集される予定である。私は "The tension and paradox between determinate and indeterminate state: clinical, social and cultural aspects（決定したものと未決定なものとの間の緊張とパラドックス：臨床的・社会的・文化的側面）" という発表を行い、編集本で出版される予定である。

　アヴィニョンの学術プレコングレス（https://iaap.org/wp-content/uploads/2018/04/Flyer_Avignon_LAST.pdf）は、非常に興味深いものであった。発表は40分くらいで行われ、別の発表者がモデレーターでついて、20分くらいフロアとの議論が行われた。共時性もテーマとなり、チューリッヒ大学のハラルド・アトマンシュパッハー、エセックス大学のロードリク・マンなどが興味深い発表を行い、活発で建設的な議論が行われた。中でもフライブルク大学の物理学の教授トーマス・フィルクによる「認知における量子力学」は非常に刺激的であった。単純な認知やアンケートの調査について、順序を変えるだけで結果が異なるという発表は重要なヒントを与えて

くれるものであった。私はここでは京都大学こころの未来研究センターにおけるプロジェクト、京都こころ会議について発表を行った。これも本に編集されて出版される予定である。

国際分析心理学会は、このようにアカデミックな世界とのコンタクトと刺激を求めて、大きく変わりつつあるように思われる。今年の9月から、私は会長職をマリアンヌ・ミュラーから引き継ぐが、この方向性はぜひ続けていきたいと考えている。

第5回 IAAP/IAJS The Joint Conference2018印象記

長野真奈

京都女子大学学生相談室

　2018年8月2日から5日まで、IAAP/IAJS The Joint Conference 2018に
参加した。[注1] ドイツ・フランクフルトにあるヨハン・ヴォルフガング・ゲー
テ大学（通称フランクフルト大学）で開催されたこの大会は、「不確定な
状態——文化・人種・性別を超えて（Indeterminate States: trans-cultural;
trans-racial; trans-gender)」というテーマを掲げていた。5回目の開催とな
る本大会には、欧州はもちろんのこと、アジア、アフリカ、南北アメリカ
など世界各国から90名の参加者が集まった。本大会テーマに関して筆者が
関心をもったのは、"culture, race, gender"という現代社会を映し出す3つ
のキーワードを副題に携えて、本題が「不確定な状態（Indeterminate
States)」となっている点であった。というのも、副題を目にして筆者の脳
裏に本題としてまず浮かんだのは「多様性（diversity)」という言葉であり、
両者の意味の違いは小さくないからである。「不確定」には物事の境界を
定めることをしないという意味合いがある。一方「多様性」は物事の各々
の違いが保持されるという意味合いをもつ。欧州、特にドイツが直面して
いる局面と「不確定な状態」という言葉の指すところに思いをめぐらせな
がら大会に臨んだ。
　初日に設けられた Welcome and Opening Words では、IAAP から M.
Muller 会長、IAJS から M. Glock 前共同議長の開会の挨拶があり、開催地
フランクフルトの紹介や大会テーマの所以が語られた。大会テーマは近年
の社会事情を反映したもので、2011年から続くシリア内戦に起因する膨大
な数の難民受け入れと共生の方途を探る渦中にあること、また gender を

めぐる社会的に公平な権利のための法整備が進んでいる現状など、新たな心理解の地平を探求する必要性が、大会会場に由縁のあるフランクフルト学派の言うところの人間性解放の礎となる批判理論にも触れられながら語られた。このテーマには、ユング心理学の鍵概念とされる "holding the tension of the opposites" や "shadow complexes" でアプローチ可能なのではないかとの期待が込められているとのことであった。

大会開催地であるフランクフルトは、経済の分野においてドイツ国内だけに留まらずヨーロッパの中心として大きな役割を果たす活気ある都市である。そして、大学の名前にも冠されているように、文豪ゲーテを輩出し、長大な戯曲『ファウスト』が書かれた文芸の地でもある。また、街を歩くと見上げきれないほど高く大きく育ったセイヨウトチノキが至るところに見られたりもし、何事も大きく育む土壌豊かな街であった。キャンパスはウェストエンド地区にあり、フランクフルト国際空港から車で20分、市の中心部からは徒歩圏内という、至極交通の便が良い、国際大会にはうってつけの場所での開催であった。

大会初日には他に Pre-conference Workshop が「分析心理学における研究（Research in Analytical Psychology）」と題して C. Roesler 先生（フライブルクカトリック大学）によって開催された。氏は京都大学客員教授として日本におられたこともあるので、その際にお話を伺う機会があった方もたくさんおられることと思う。この度は、参加者それぞれが研究したい素材を持参し、研究計画を立てていくというとても興味深い内容の Workshop で、筆者は仕事の都合で参加が叶わず大変に残念であった。大会2日目以降には、全体会（Plenary Session）計6つ、分科会（Breakout Session）が計47予定されていて、大会テーマに即した課題を抱える事例発表だけでなく、現代の心の在り方を問う研究や各国文化研究など多岐にわたっており、それぞれの視点で大会テーマへのアプローチが試みられていた。筆者が参加した全体会や分科会の中で際立ってフロアに活気があったのは、河合俊雄先生（京都大学こころの未来研究センター）と田中康裕先生（京都大学）の会場で、河合先生が次期会長（President-Elect）に着任しておられることに象徴されるように、周囲が日本のユング心理学への信頼や期待を抱い

ておられるのを強く感じ、日本の研修環境が恵まれていることを改めて実感した。

大会2日目分科会では、小木曽由佳先生（東京大学学生相談ネットワーク）が「日本の“魚”シンボルの二重性──生と死のほとりで（A Duality of Japanese “Fish” Symbol: Standing at the edge of Life and Death）」と題して、ローマ神話、キリスト教、ユング心理学、日本文化における魚シンボルの二重性について論じていかれた後、上田秋成の『雨月物語』所収「夢応の鯉魚」を読み解いていかれた。世界史・日本史・宗教・神話・夢と現実・生と死などの多次元を超えて、まさに大海をのびのびと泳ぎ渡っていく魚のように縦横無尽に論じていかれ、聞き手であるこちらの心も広々とする学びの時間となった。

同日同室で筆者も「不確定な状態の表れとしての河童──文化と民族を超えて（Kappa as a Manifestation of Indeterminate State: trans-cultural, trans-racial）」と題した発表の機会を得た。案じていた質疑応答では、自国の民話について教えてくださる方もいて、ありがたく、貴重な時間となった。

大会3日目、田中先生が分科会で「日本の風景と主体──古くて新しい意識の在り方(Japanese Landscape and the Subject: On the State of the Consciousness that is both Old and New)」と題し、風景画を民族や文化に固有の意識の在り方が反映されたものとして捉え、西洋風景画に代表される一点透視法と東洋山水画に代表される同時多点遠近法の違いから、意識の在り方の違いについて論じられた。また、日本の風景画が描かれる際の意識の在り方には、古来より描き手の主体の中心性が弱いことが特徴の一つとして考えられ、それは近年注目されている発達障害的意識の在り方と親和性があることが論じられた。セザンヌから雪舟まで豊富な風景画資料が提示され、西洋と東洋ひいては発達障害的意識の在り方について、視覚的にも理論的にも考えをめぐらせることができ、フロアが絵に見入る様子にも力が入っていたことが思い出される。筆者が日々の臨床で目にする風景構成法を読み解く視点にも生きる、学びの多い時間となった。

大会最終日、河合先生が演台に立たれた全体会は、「確定的な状態と不確定な状態の緊張関係と逆説性──臨床的・社会的・文化的側面から

（The Tension and Paradox between Determinate and Indeterminate State: Clinical, Social and Cultural Aspects）」と題されていた。「確定的な状態」と「不確定な状態」との間の緊張関係・逆説性について、その弁証法的な動きについて言及された後、脳科学の分野でデフォルト・モード・ネットワークと呼ばれる脳の現象の意義が認められるようになったように、確定的なものだけを求める心の状態だけが物事を前に進めるのでなく、不確定なぼんやりとした状態に開かれているような心の状態も同様に重要で、それによって立ち現れる事態があることが語られた。筆者としては、冒頭に書いた大会テーマをめぐる関心への一つの回答が明確に提示されたような心持ちになる講演であり、質疑応答では、次から次に手が挙がり、フロアの方々も新鮮さをもって「不確定な状態」について学んでおられたことが伝わってきた。講演の様子はこころの未来研究センターHPにも紹介されている。

　プログラム内容から少し離れるが、大会休憩所で筆者がご一緒できた方々は、偶然にも皆2016年に京都で開催されたIAAPの国際大会に参加した方々で、大会の内容や運営、京都という場所、すべてが素晴らしかったと、口々に賛辞を述べておられた。私の心の中に置いておくのは余りあるほどであったので、ここに記して主催の先生方にお伝えし、筆を擱きたい。

注
1　両学会の概要や協同関係、またこれまでも3年に一度開催されていたJoint Conferenceの様子は、以前にも本誌（第5巻, p.171、第8巻, p.173）で紹介されているので、詳しくはそちらを参照されたい。

第4回 ISPDI 大会印象記

竹中菜苗

大阪大学キャンパスライフ健康支援センター

　この夏（2018年）の西ヨーロッパは、アフリカからの熱波の影響で異例の暑さに見舞われた地域が多かったが、朝夕には寒いと感じるほどの過ごしやすい気候のアイルランド・ダブリンにて、2018年7月30日から8月1日まで The International Society for Psychology as the Discipline of Interiority（ISPDI）第4回大会が開催された。会場にはアイルランドで最も長い歴史をもつトリニティ・カレッジ内の講義室が用いられ、筆者は大会開催中、同じくトリニティ・カレッジ内のドミトリーに宿泊していたため、毎日朝から晩までをアカデミックな雰囲気に浸って過ごす3日間となった。

　ISPDI は、これまで本誌に掲載された大会印象記にも書かれている通り、ユング派分析家ヴォルフガング・ギーゲリッヒ（Wolfgang Giegerich）の思想の流れを汲む学会として設立されたものである。ハイデッガーやヘーゲルといった哲学的な思想を取り入れながら展開されるギーゲリッヒの理論においては、心理学はこころ（psyche）についての学問ではなく、こころそれ自体が主体となって展開する論理を解き明かす学であるとされる。そしてそのためには、これがまさに ISPDI の趣旨となっているわけだが、そこにある現象の外側を想定することなく、その内側に参入し、そこに留まる態度が必要不可欠になる。第4回目となった本大会のテーマは、トリニティ・カレッジの卒業生でもある Bishop Berkeley のことばをギーゲリッヒが援用し、その著書のタイトルとしても用いている "The Soul Always Thinks" が掲げられ、魂がいかに思考し、それが心理学に対して何を指し示すかについて考え、明らかにすることが、その目指すところとされた。

筆者が本学会の大会に参加するのは2012年にベルリンにて開催された第1回大会以来であったが、その時から変わらないメンバーやアットホームな雰囲気の中、全部で22の講演と発表が行われ、それぞれの発表をめぐって活発な議論が交わされた。筆者は各発表の内容についていくだけで精一杯であったが、理論的なものから体験や現代社会をギーゲリッヒの理論に根ざして理解しようとするものなど、多様な発表に対してフロアーが様々に反応し、コメントする様子を見るだけでも、大いに学ぶことがあった。

　個別の発表から、まずは1日目に行われた基調講演、ユング派分析家 Michael Whan による「テオリア、ユング心理学、そして恥のとき――あるいは『そこで私は考えるのを止めた』(C. G. ユング) (Theoria, Jung's Psychology, and the Timing of Shame: or, 'and then I stopped thinking' (C. G. Jung))」の内容を簡単に紹介したい。講演の中では、最初に、ユングが少年時代に大聖堂で見た、神の糞便が美しい天井や壁を壊すというヴィジョンが取り上げられ、それはユングが神秘的な世界から押し出され、幻滅 (disenchantment) を通して新しい時代の真理へと開かれようとしていたことを示す経験であるにもかかわらず、そこでユングは羞恥を覚え、それを神からの試練とみなすことによって神を温存する方向に進んだことが指摘された。そして次に『自伝』から、「明らかにわれわれはもはや神話を有してはいない」「しかしそれならば、あなたはどんな神話の内に生きているのか」と内的対話を進めたユングが、そこで居心地の悪さを感じ「考えることを止めた」と明言している箇所が引用された。ユングはやはり、一方では神話の喪失を認識しながらも、神話というものの存在自体を手放すことができなかったのである。ユングには、確かに新たな時代の真理を告げる思考との出会いがあった。しかし彼は、その思考を徹底し、そこに潜む弁証法的な動きを認識することに失敗し、それを神経症的で個人的な恥、あるいは葛藤へと矮小化してしまったと論じられた。ユング自身の体験に根ざしながらユングの心理学を批判的に検討し、再構築することはギーゲリッヒが常に試みていることでもあるが、そうした姿勢はユングの心理学をすでに完成されたものとして捉えるオーソドックスな立場からは決して好ましく受け止められていない。しかしながら本講演は、ユングというそ

の人の体験に迫り、そこから彼の心理学というプロジェクトについて再考することは、ユング、そして彼の心理学への強いコミットメントを必要とする、まさに心理学的な態度の実践であるということを改めて実感させてくれた。

　もう一つ、大会2日目に行われた田中康裕による特別講演「現代の心理療法は夢から目覚めるか（Does Psychotherapy Wake from a Dream in the Contemporary World?)」についても紹介したい。19世紀末の精神分析の誕生から、心理学の世紀と呼ばれた20世紀を経て、現代の心理療法においては認知行動療法の隆盛や政府による心理療法家の大量育成といった現状がある。しかしながら、心理療法はセラピストのもつ個性を排除し、科学的に証明されうる成果を出すのではなく、その非科学性をより追求することによってしか心理療法としてはありえないということがユングやギーゲリッヒを援用しながら論じられた。とは言え、20世紀の心理療法が前提としたような内面性や二者関係といった「心理学的インフラ」が、現代ではすでに機能しなくなっていることは事実であり、夢や箱庭、描画といった内的表現が心理療法過程の中で自ずと生じるのを待つことはできない。それらは今や、心理療法の開始する地点において、セラピストが最初に持ち込む内側への方向付けとして必要となること、そして、そうやって明示されたセッティングさえ機能しないような場合には、セラピストは心理療法場面の外側へと、すなわちクライエントの日常生活へと視野を広げ、そこで起こったことをあたかも内的表現であるかのように聴き、理解することが求められると指摘された。筆者も本大会中にイギリスやカナダで臨床を実践する参加者と話す機会を得たが、認知行動療法や回数を制限したセラピーへの社会的な要請は、おそらく保険制度の関連もあり、日本よりずっと明確なようであった。日々の臨床の中では、どうしてもそうした状況に翻弄されてしまう部分があるが、本講演は、徹底して心理学を主体に置き、現在の心理療法をめぐる状況それ自体が心理療法の自己展開における必然として捉えるものであったと言えよう。

　また、同日には筆者も「現代の日本の青年に見る心理学的困難（The Psychological Difficulty Seen in the Japanese Young Adults Today)」と題した口

頭発表を行い、わが国の大学で昨今問題になっている学生の不登校や長期化する思春期・青年期について、筆者が出会ったクライエントが報告した一連の夢を紹介しながら検討した。フロアーからは夢をいかに解釈するかという、ギーゲリッヒの理論の根本をなす心理学的差異にかかわる心理学的な観点からのコメントもいただいたが、参加者のほとんどが北米・西ヨーロッパの人たちだったということもあってか、日本文化の特殊性にまつわるコメントが大半を占めた。「青年期の延長」と言えば決してわが国だけではなく、先進諸国全般に認められる現象だとされているが、それでも筆者が発表した事例のような「何となくの延長」「何もせずの延長」というのはやはり西欧的価値観からすればまったく奇妙なことに映るということを再認識させられることになった。日本人同士であれば「何となく」理解できる「何となく」何もしない青年の心理についての言語化が、今後の課題として明確になる良い機会であった。

　最後に一つ、学会の発表内容からは外れるが、ISPDI 会長を務める John Hoedl と話していたとき、日本では他国に比べてもギーゲリッヒの理論への関心が高いと聞いているにもかかわらず、なぜこの学会に参加してくれる人が少ないのだろう？と尋ねられた。数週間の休暇を兼ねて学会に参加し、言語的障壁もなく自由に社交性を発揮する彼らを前に、一体どの説明が最も適切なのだろうかとしばし考えてしまったが、国際学会に参加してみていつも実感することは、そうした場で出会う人たちのコミュニケーションへの積極性である。原稿を読むならまだしも、自由な議論の場となるとどうしても気後れしてしまうが、今回も多くの他の参加者の、何かしらを拾いあげ、投げ返し、議論を展開させていく力に助けられた。特にISPDI は、今のところ小規模である上に、ギーゲリッヒの理論に惹かれて集まっている集団ということで、どこか皆がマイノリティ気質を分かち合っているようなところがある。いろいろな人と知り合い、新たな経験を積むという意味では、胸を借りるつもりで飛び込んでみるのにふさわしい学会であるように思う。

日本ユング心理学会第 7 回大会印象記

城谷仁美
ルークス芦屋クリニック

　2018年 6 月23日、24日の 2 日間にわたって日本ユング心理学会第 7 回大会が東京の連合会館で開催された。肌寒い小雨の中、受付には多くの人が並び活気がある感じであった。今大会は詩人の谷川俊太郎さんと河合俊雄先生の対談も大きな魅力で、内心ワクワクしながら手続きを済ませた。初日は五つのワークショップとプレコングレスが開かれ、筆者はまず田中康裕先生の「今日における『精神病理』理解とその見立て」というワークショップに参加した。統合失調症と診断されていた事例であったが、まずこのケースをどう見立てていくかということから講義が始まり、先生は提示された夢を丁寧に紐解きつつセラピーの流れを辿っていかれた。クライアントの借り物のような主体が一度壊され、セラピーを器として自分が立ち上がっていくといういわば、クライアントの心理学的誕生の過程が夢を通して詳らかにされていく。従来のような人格を中心として病態水準を見ていくことが困難な事例が増加しているいま、主体スペクトラムという視点で捉え直してみると、発達障害や発達が未発達なクライアントの本質的なこころの在り方に近づけるのではないかと感じた。クライアントの表層に現れる症状だけを追っていてはバラバラに散らばっていくものが、夢を読み解いていくとクライアントの輪郭が次第に現れてくることに感嘆させられた。
　続くプレコングレスでは谷川さんが話し手で、聴き手が河合先生であった。谷川さんは T シャツ姿で雰囲気も語りも飾り気がなく、ストレートに聴き手に質問されるのが印象的であった。会場は満員であったが、終始

和やかで笑いがたくさん起こり、谷川さんと河合隼雄先生たちが少年のように遊んだり、ダジャレを言い合って笑っておられた様子が生き生きと目に浮かぶような、心温まる雰囲気であった。大会のテーマは「ユング心理学と子ども」であったが、お二人を結びつけていたのも、もしかすると心の内にある少年たちなのだろうかと想像していると、谷川さんの『もこもこ』という絵本の朗読が始まった。それは、今まで一人で絵本をめくったり、子どもたちに読み聞かせをするのとはまったく違った感覚で、まるで身体の中を声が浸透していくような衝撃を覚えた。谷川さんが「シーン、もこもこ、ニョキ……」と読むと、なんだかその音は身体の中の音のような、はたまた地球の中から何かが出てくる音のようにも聞こえてくる。この絵本は赤ちゃんが大好きなのだそうだが、意味に縛られない音を身を通して感じたり、遊んだりすることの面白さと自由さを感じた。対談全体を通して、谷川さんが詩を作っていく過程や大切にされていることと、心理療法との間にはたくさんの共通点があることに驚かされた。詩は濃密な言葉で普通の言葉と質が異なっているというお話もあったが、「私の星座」「ひとり」「20億光年の孤独」「さようなら」「芝生」などを朗読され、フロアーの人それぞれが、言葉から広がっていくイメージの豊かさを味わったり、想いをめぐらせたりして、重みの異なった時間の層が交錯するような不思議な空気に包まれていた。谷川さんは中年期の危機に隼雄先生と出会い、その中でも印象的で助けられた言葉として「コンステレーション」を挙げ、「私の星座」という詩を朗読された。唯一無二としての自分の星があり、それらの星々が見えない心の線でつながって美しい形を作っているという詩と、「ユングは一対一ではない網の目のような緩やかな関係性の中でケースを考えていく」という河合先生の話との重なりが非常に興味深かった。確かに星座のように緩やかにつながっているオープンなものとして心理療法を捉えていくと、二者関係で雁字搦めにならずに、谷川さんがナンセンスから言葉が浮かび上がってくるのを待つように、セラピストにも箱庭や夢や偶然の出来事など何かが動き出すのを待つという余裕と広がりが生まれる気がした。谷川さんは質問に答える形で、AIの作る詩について、AIは莫大な他者の記憶の中から主体が存在しない形で詩を作って

いくのだろうが、詩は活字の中ではなく生身の人間が何かを感じてくれないと成立しないとおっしゃったように思う。なるほどそれで最初に聞いた絵本の朗読があれほど身体に響いたのだと痛感すると同時に、対談を通じて心理臨床に通じる大切なエッセンスを教えていただいたと思う。

　翌日は午前と午後合わせて16の研究発表があり、どれも魅力的であったが、ここでは筆者が参加した緩和ケアの事例について触れたい。身体的な治療に心理職が関わる場合、患者自身が心理療法を主体的に希望して始まるケースばかりではなく、主訴も明確でなかったり、病の治癒ということに焦点づけられていることも多い。本事例も突然に外から襲いかかってきた病とその身体的治療が行われたのであるが、心理的な側面から見ていくと、本来クライアントが抱えていたと思われる心理的な課題と重なり合って治癒へと進んでいったプロセスが非常に興味深かった。事例を通して感じたのは、クライアントの危機的な状況において、セラピストが目を逸らさずにそこに居て、クライアントの吐露できる器となり、病室で時間を共にされたことが患者さんのプロセスや回復を支えたのではないかということであった。指定討論者の田中康裕先生は最後に「極限状態に得られたことは失われやすい。治療者がクライアントの変化したところと手付かずに保存した部分も含めて、心の予後を見ておくことが肝要」と言われたように記憶している。得られたことを失っていくことは、ある意味極限状態から日常生活に戻っていくことでもあるのだろう。心の危機状態という視点では、事故や災害も同様に、このようなインシデントを契機に個人が持っているテーマが現れ、セラピストとどこかの部分を取り組んでいく。そう考えると病などのクリティカルな出来事の暴力的な面だけではない、どこか治療的な部分を感じると同時に、トラウマケアではないユング心理学の存在意義は大きいのではないかと感じた。

　大会最後の「悪に目覚める発達障害男児とのプレイセラピー」と題されたケース・シンポジウムは、梅村高太郎先生の体をはったダイナミックな事例で、シンポジストとして精神分析をご専門とされる木部則雄先生と岩宮恵子先生が登壇された。筆者は精神分析の先生がケースをどのように見られるのかとても興味があったが、先生方が指摘される部分がほとんど重

なっていることは印象的であった。木部先生のご指摘はハッとさせられることが多く、例えば、プレイセラピーの効果と発達検査との関連性について、この二つは別物ではないかと言われた上で、クライアントにASD的な素因はあるものの、サイコロジカルなテーマがあったからこそ綺麗にケースが流れていったのではないか、と述べられた。そして最後にケースの筋道からこぼれた、いわば隠れて見えなくなっている本質的なものがクライアントにどれぐらい残っているのかという「心の予後」を見通すことにも言及された。木部先生の話からは、やはり「発達障害」をどう診断するのか、どう捉えるかということが依然として問題となっていること、そして事例のようにASD圏の子どもたちは、発達を支えるベースとなる関係性を築くところでかなり早期から躓くが、プレイセラピーでその部分が豊かに育まれ、発達が伸びていくとして、それをどのように可視化されるデータで表現できるか、困難な課題であるがチャレンジし続けなければならないのだろう、などと考えながら大会を終えた。2日間にわたって、数多くのケースや講義、イメージに触れた非常に実りの多い贅沢な時間であった。このような機会を与えてくださった大会を企画・運営してくださった先生方に心から深く感謝申し上げたい。

文献案内

"子ども" に関するユング心理学の基礎文献

田熊友紀子
代官山心理・分析オフィス

　今回のユング心理学に関する基礎文献のテーマは「子ども」である。一般に、ユング心理学は成人のための心理学であり、子どものためのものではない、とかユングには児童心理学がないなどと言われる。ユングは人生の後半期の分析の重要性を強調し、子どもを直接対象とした治療はほとんど行っていない。初期のユングは、フロイトの影響が強く、人格発達についてはフロイト理論に任せるような態度をとっていた。フロイトが幼児期に関心を集中させたのに対して、ユングは「人生全体の心理学」に関心を集中していたからであると考えられる。しかし、フロイトの幼児期へ還元するという方法は、無意識の所産を過去に結びつけようとすることで、現在においてそれが個人にとってもつ意味が失われてしまうとユングは思うようになっていく。やがてユングは「目的論な立場」に立ち、因果論的要因を無視する傾向へと移っていった。しかし、人間の発達や人生の初期としての子どもそのものについては、ユングの理論や記述には矛盾や揺れが多い。ユングの見解はずいぶんと混沌としており未整理で、無意識的な子どもの取るに足らなさと無敵さという童児元型（後述）のもつその特徴に振り回されていたのかもしれない。

1　ユングと「対象としての」子ども

　英語版ユング著作集 The Collected Works of C. G. Jung（以下 *CW*）の第17巻は「人格の発達（The Development of Personality）」というもので、ユングが様々なところで書いたり話したりした、子どもや発達、教育につい

ての論文や講演の記録、寄稿した序文が収録されており、ユングの「対象としての子ども」についての見方が一通りわかるように思われる。日本語訳では以下の本を挙げたい。

(1)C・G・ユング『人間心理と教育』（西丸四方訳, ユング著作集 5 , 日本教文社, 1970）

CW 17のいくつかの講演記録「子どもの心の葛藤について（Psychic Conflicts in a Child)」「分析的心理学と教育（Analytical Psychology and Education)」「秀才（The Gifted Child)」が所収されており、ユングの心理学と教育についての考えを知ることができる。

ここでは、子どもは両親の一部であり、子どもの呈する問題は両親の精神的諸条件の症状である。子どもは親の "影" を背負わされているのであって、精神分析の考えを子どもに当てはめるのは間違っていると主張した。問題を呈する子どもが親の "影" を映し出しているという捉え方は、ユング心理学の理論を裏づける重要な視点であったと思われるし、子どもの人格教育は超人や神の領域である、というところまではおおむね理解できるが、だから親や教育者に子どもの人格教育はできない、とか子ども自身より親の治療が必要であるというユングの結論は、やや大雑把な印象は否めない。

2　ユングと「元型としての」子ども

ユングは、子どもはその親の心理の延長として見るべきなのか、それとも独自の存在として（独自の個性ある存在）として見るべきなのか、ということについて、様々なところで矛盾した言及をしている。したがって、ユングの子どもやその教育に関する著作を読んでも、「子ども」そのものことはよくわからない。ユングの関心は、子どもそのものがすでに全体性を兼ね備えている存在であり、無意識の声を聴くことが重要であるように、成人にとっての自らの内なる自己や全体性として、子どもの形象やイメージのメッセージ性を重視したのである。そのことを、Child Archetype

（童児元型、幼児元型、子ども元型などいろいろに訳されているが、以下では「童児元型」と記す）として考えたのである。童児元型については様々なところでユングは言及しているが、重要文献としては以下が挙げられるだろう。

⑵C・G・ユング「童児元型」（林道義訳『増補改訂版　元型論』紀伊國屋書店, 1999）

または

⑶C・G・ユング「幼児元型の心理学のために」（K・ケレーニイ＆C・G・ユング, 杉浦忠夫訳『神話学入門』晶文全書, 1975）

『元型論』にも『神話学入門』にもユングの "The Psychology of the Child Archetype" の全文が訳出されたものが所収されている。『神話学入門』には、ケレーニイの「童児神」についての様々な形象について考察している論文も所収されており、あわせて読むことができる。

童児元型とは、自己を表すシンボルと考えられ、そのように単純化して表現されることがあるが、本論文を読めばそのような単純なものではないことがわかる。童児元型は過去（始まり）の状態を表し、根源的なもの、つまりまだ意識化・文明化されていない無意識的で原始的なものとのつながりに引き戻すものとして布置されるものと考えられる。また、根源や始まりだけではなく、進歩や前進を補償する「停滞」として今につなぎとめるものでもあり、また、未来の先取りのイメージでもある。そのような、始まりでありかつ現在、未来でもあるものとしての自己の実現イメージであり、全体性としての自己のシンボルは、個性化過程の最初に現れるのだという。このような童児元型は、錬金術におけるプリマ・マテリア（第一質料）を思い起こさせる。これらのことから、ユングは成人の分析においても、幼児期の最初の夢を重視した。そして子どもの無意識的であること、未熟さやその取るに足らなさこそが無敵さ、救済者の象徴なのだとしている。

このことから、ユングは子どもそのものではなく、洗練された成人の意

識に現れる子どもの価値を扱うことに専念した。大人が子ども時代の夢を振り返って話したものを集めて分析することで、その人の無意識や個性化のプロセスを理解できると考えた。それについては『子どもの夢Ⅰ・Ⅱ』（氏原寛監訳, 人文書院, 1992）にまとめられている（この文献については、『ユング心理学研究』第8巻所収の川嵜克哲による「夢に関するユング心理学の基礎文献」でも取り上げられているのでそちらを参照）。

3　ユング以降のユング派における「子ども」

⑷F・G・ウィックス『子ども時代の内的世界』（秋山さと子・國分久子訳, 海鳴社, 1983）

ウィックス夫人（Wickes, F. G.）は、アメリカの児童問題のカウンセラーで、マーガレットという7歳の少女の症例（河合隼雄が『影の現象学』で取り上げている）のことについて考えていたときにユングのことを知り、ユングがこの症例に興味をもったことで、スイスに渡りユングの初期の弟子の一人となったという。子どもの治療にほとんど関わることのなかったユングが子どもについて触れるときは、全部と言っていいほどこのウィックス夫人の症例を借用していたということである。そのように、ユングの子どもについての関心を開かせるもととなった事例が多く収められているウィックス夫人自身の著書として重要な一冊と言えよう。また、本書の序文はユングが書いており、CW 17の「人格の発達」の中にこの序文が収められている。

⑸D・M・カルフ『カルフ箱庭療法』（河合隼雄監修, 大原貢・山中康裕共訳, 誠信書房, 1972）

ふつうの主婦であったカルフ夫人（Kalff, D. M.）が、ユングに見出され、ユングの勧めで児童の心理療法に携わるようになったことはよく知られている。英国のローエンフェルト（Lowenfeld, M.）の世界技法を、治療に重

"子ども"に関するユング心理学の基礎文献 | 181

点を置いたものとして箱庭療法（Sandspiel）に改良し、ユングの分析心理学を基盤として、子どものみならず広く成人の心理治療にも用いるようになった。本書では、子どもの作る箱庭に表現される無意識的な内容の豊かさや見事な展開が次々と示されている。ユング心理学の子どもの心理療法への適用として、「箱庭」というツールを見出したことの素晴らしさを改めて知る一冊と言える。

⑹M・フォーダム『子どもの成長とイメージ』（浪花博・岡田康伸訳, 誠信書房, 1976）

英語版ユング著作集 Collected Works of C. G. Jung を英訳・編集したことでも知られるフォーダム（Fordham, M.）は、ロンドンの児童の精神分析家であったクライン（Klein, M.）やウィニコット（Winnicott, D. W.）の精神分析的発達理論を借りながら、独自の発達学派（ロンドン学派）を立ち上げた。1970年代頃に胎児期、乳児期の科学的な発達研究で明らかになってきた知見と精神分析を援用して、独自にユング心理学的な子どもの心理治療の理論と実践を行う試みをした。日本では、河合隼雄が箱庭療法の理論と実践を広めていた時期でもあり、子どものための治療者が、箱庭療法の理論的な裏づけや実際の場面に生じる多くの問題への対処法として、ユング派の観点からの子どもの心理療法について論じている書物として注目を浴びたものであったと言える。

4　河合隼雄と「子ども」

ユング派分析家資格を取得して日本に帰国した河合隼雄が最初に紹介したのは、夢分析やユング心理学理論ではなく、「箱庭療法」であった。また、ユングが洗練された成人の意識の中の子どもの重要性を扱った一方で、河合は生の可能性の存在としての子どもそのものの心に注目していったと思われる。

河合の子どもに関する著作は非常に多い。その中であえて挙げるとすると、以下の二冊を挙げたい。

ユング心理学研究　第11巻
文献案内

⑺河合隼雄『無意識の構造』中公新書, 1977
⑻河合隼雄『子どもの宇宙』岩波新書, 1987

　『無意識の構造』は、無意識の構造や働きについて詳細に書かれている。つまり子どもについて書かれている本というわけではない。しかし、心の構造全体の側から、自己のシンボルとしての「子ども」がどのように位置づけられているか、全体性としての老人と子どもの相補性など、本書を通読していくとよくわかる。一方、『子どもの宇宙』は逆に、子どもの広大で多様で豊かな心の営みが描かれており、「子ども」の側から心全体の働きが見えてくるように思われる。『子どもの宇宙』は、様々な児童文学を取り上げ、心理学の専門家でなくても中高生にも読みやすく書かれている本だが、その内容は、ユングの分析心理学理論にしっかりと根づいており、専門用語を使わずともユング心理学の難解な理論のエッセンスが知らず知らずに（無意識に）吸収されていく仕掛けになっているように思われる。このように、河合は「子どもとは何か」についてたくさん本を著しているが、「子どもとは何か」を突き詰めていくことを通して、人間とは何か、心とは何か、へ至っていく。同様に、ユング自身が子どもそのものを対象としていなかったとしても、人生の後半期の心の過程をとことん突き詰めていく中で、元型としての子どもと出会い向き合うことになっていることが、河合の著作を通じてあらためて実感させられる。

5　その他
　本稿のはじめに、ユング心理学は成人のための心理学だと思われていることに触れたが、実際には、「発達と児童心理学（Developmental & Child Psychology）」は、チューリッヒの ISAP（International School of Analytical Psychology, Zürich）における中間試験の8科目の一つであり、発達心理学や子どもの心理学はユング心理学においても重視されている。試験の内容は、精神分析的な発達理論や乳幼児観察に基づいた発達理論など多岐にわたる知識が求められるものである。子どもの側から見た関係世界や子どもの中に生じている内的プロセスを知ること、汲み取ること、それと波長を

合わせるセンスなどが、ユング派においても、子どもを対象とした心理療法のみならず、成人以降の心理療法においても重要と考えられている。

　他にも、ユング心理学における子どもについてさらに理解やイメージを深めるために、子どもについての様々な書籍にあたることは重要であろう。河合隼雄が児童文学に親しんだように、読者も子どもたちが心を惹かれる絵本、児童文学、マンガ、アニメなどにも是非ともアンテナを張っていかれてはいかがかと思う。

　私自身の関心として、子どもの歴史や民俗学という視点から、ぜひ一度読んではどうかと思う本をいくつか挙げて本稿を終わりにしたい。

⑼P・アリエス『〈子供〉の誕生』（杉山光信・杉山恵美子訳, みすず書房, 1980）

　中世ヨーロッパまでは、子ども時代という考えはなく、小さな大人、という捉え方しかなかったので、教育という概念もなかったという。17世紀以降の子ども観がどのようにして生まれたかを書いた歴史書。各時代の「あるべき子ども」を歴史的に見てみると、現代の子ども観がいかに強迫的・脅迫的であるかということがわかる。

⑽鎌田東二『翁童論』新曜社　ノマド叢書, 1988

　宗教哲学の立場から、鎌田の老人と子どもの神話的イメージについて、アニメ、マンガ、映画、児童文学なども挙げつつ論じている。本書だけでは書き足りなかったとして、以降、翁童のコスモロジーのシリーズとして計4冊出ている。老人と子どもの共通点やそのイメージ（霊的存在としての共通性、身体の両性具有性、遊行性、地域密着性など）をさらに豊かに膨らませて考えるきっかけになる書である。

海外文献

名取琢自
京都文教大学／北山心理オフィス

　2017年9月22日金曜日、ユング派分析家 マーヴィン・シュピーゲルマン博士ご逝去。この悲しい報せを、筆者はご家族から受けとった。手紙には、氏がその週の火曜日にもクライエントと面接しておられたことが記されていた。氏は河合隼雄の分析家であり、また度々来日され、日本のユング心理学に多大なる貢献をされたことはよく知られている。日本から分析を受けに通われた方も何人もおられると聞く。おそらく多くの方々と同じように、筆者にとっても氏は熱き戦士であり、精力的で挑戦的で、しかもきわめて誠実なライターであり、目標であり、憧れであり、今も温かく見守り続けてくれている、偉大な存在である。本稿では最晩年の単行本、"The Divine WABA" をひもときながら、氏の幅広い仕事と著作群をご紹介したい。

"The Divine WABA" とは

　この暗号めいた表題に、氏の生涯にわたる心の体験と発見、そこから培われた人間観と世界像が凝縮されている。フルタイトルは "The Divine WABA（Within, Among, Between and Around): A Jungian Exploration of Spiritual Paths" である。そのまま訳すなら「聖なる WABA（内なるもの、ともにするもの、間（あいだ）に働くもの、外にあるもの）——スピリチュアルな道程のユング派的探究」とでもなろうか。

　まず「イントロダクション」に沿って本書の成り立ちを見ていこう。氏は、1951年のクリスマス、ユング派個人分析を経験して2年目、神の子

（Divine Child）が生まれ、キリスト教の僧、ユダヤ教のラビ、仏教の僧侶が立ち会っている夢を見た。博士号も取得し、学術分野での活躍を目前にしていた氏に、この「神の子」が現れ、こころの深奥の探究に誘ったのである。「これは私自身の神話の重要な部分を自覚した端緒でもあった。それは私のスピリチュアルな道であり、あの夢の三人の宗教家が象徴していたものであって、こころそのものの内部にある神聖なもののイメージの発見であった」（p.xii）。以来50年、氏はこの方向に突き進むこととなった。この「神の子」は宗教に関係する著作を後押ししてくれていた。氏は個人分析だけでなく、洋の東西を問わず多様な宗教的バックグラウンドをもつ人々とともに「エキュメニカル」なグループを組織し、イメージを探究する活動も続けてきた。「この経験のいくばくかを、こうした領域の専門家ではない方々にとっても使いやすいものに翻訳する時期が来たのではないか」と思い至ったことが本書執筆の動機である。

　本書を貫く方法論は、ユング心理学や元型的心理学の本質ともいえる、イメージそのものに語ってもらう方法である。これは宗教（religio）の本来の意味の一つ、「ヌミノースなものに対する注意深い観察」を駆使するものであると氏は述べている。スピリチュアルな力がこもった素材そのものに直接語らせることで、既成の解釈図式や還元的解釈による意味の狭まりを防ぐのである。拡充や解釈は、理解を深めるためにだけ用いられる。

　氏と交流のあった人々が語ったところでは、各自のバックグラウンドの宗教や宗派は異なっていても、個人分析を深め、ユング心理学を学ぶと、もともと馴染んでいた宗教――儒教、道教、ヒンドゥー教、キリスト教、ユダヤ教――との類似性を見いだし、驚いたという。集合的無意識の深い層での共通性を伺わせるものだった。

　氏は本書と他の宗教関連図書との違いを次のように解説する。氏のイマジネーションには、先述の夢の「子ども」が成長した姿、「騎士（Knight）」が登場する。友人に「その騎士は他の騎士とどう違うのかね？」と尋ねられて氏はこう答えた。この騎士は「心理神話学的（psychomythological）な騎士」であり、「内側（騎士自身の内側や神話の内側）」から多様な神話に入っていけるのだ、と。この騎士に、様々な宗教や人生を背負う九人の仲

間が加わった（"The Tree of Life"所収）。氏の言う〈心理神話学〉は宗教を損なうことなく、また自らを宗教とみなすこともなく、宗教的生活のための深層心理学的発見を体現していくためのものである。

第一章は「聖なるものを巡回する——WABA システム」である。本稿では「the Divine」を「聖なるもの」と訳したが、氏はこの言葉を広い意味で用いていて、これは「holy」にも相当するが、ルドルフ・オットーの「ヌミノース」に近い、と述べている。「ヌミノース」は善悪に拘束されず、現象的な用語でよいのだが、一般の人にわかりやすい言葉という主旨で「the Divine」が採用された。WABA システムの各要素は次の通りである。

「W（the Divine Within）：内なるもの」は「レインメーカー（雨乞い師）・モデル」である。「レインメーカー」はアクティブ・イマジネーションの説明に必ず添えることをユングが指定したあの物語である。ここに相当するのは『黄金の華の秘密』の座禅図、仏陀の内省的修行に代表されるような、内なる取り組みである。

はじめの「A（the Divine Among）：ともにするもの」はコミュニティ・モデルである。宗教の集会や儀式といった、多くの人に馴染みのある形であり、所属する集団での体験からもたらされる。例として、イスラムのメッカ巡礼、キリスト教のサクラメント（プロテスタント・礼典、カトリック・秘跡）の儀式が解説されている。

「B（the Divine Between）：間に働くもの」は錬金術モデルである。錬金術は物質を金に変容させるだけではなく、「我々の個人的な闇と、物質のなかにある聖なるものの闇の側面」の両方を変容させる必要があった。「間に働く聖なるもの」には深い意味があり、それは「私たち自身、物質、神、みなともに変容しうる」ということである。

二つ目の「A（the Divine Around）：外にあるもの」は「自然、芸術、共時性モデル」である。芸術には音楽も含まれる。氏は妻が撮影したハイシエラ（シェラネバダ山脈）の写真——40年以上も夏休みを過ごした場所を掲載し、自然に包まれたヌミノースな体験に言及している。芸術による美的感動の一例として、ムガール帝国皇帝アクバルと音楽家タンセンの逸話が紹介される。タンセンは月夜のなか、師匠がクリシュナに奉じて歌う歌

に動物たちも聴き惚れている光景を見せた。歌う師はやがてクリシュナに変じた。タンセンは、自分はとてもこの域に及ばない、と涙するのである。

共時性もヌミノースな体験になりうる。小さな奇跡的偶然は儀式の形にはできないが、「我々が充分な感受性をもって、開かれた態度でいれば、芸術や、自然のなかの神のみわざという、創造的な世界もまた、ヌミノースなものとして立ち現れてくる」（p.15）。

第二章から第七章はWABAの代表的なイメージとそれに伴う体験が示されている。

第二章は「イスラムの「ともにする聖なるもの」——ハッジ（Hajj）・メッカ巡礼」と題され、メッカ巡礼のプロセスを、天使ガブリエル、アダムの物語とシンボリズム（黒石、真珠）とともに、簡潔にわかりやすく解説している。

第三章は「『内なる聖なるもの』——十牛図」である。氏は1960年、チューリヒ ユング研究所の訓練1年目の後に帰米し、偶然、鈴木大拙の"Mannual of Zen Buddhism"（1960）に掲載された十牛図に出会っている。氏はしばしば十牛図を解説しており、『ユング心理学——東と西の出会い』にも掲載されている。

第四章は「『内なる聖なるもの』——ヒンドゥー教のクンダリーニの径」である。クンダリーニ・ヨーガとチャクラの象徴体系が取り上げられている。また、氏自身がクンダリーニについて執筆しようとした際、以前夢で見たグルがその37年後に能動的想像を通して助けてくれたエピソードも紹介されている。

ここではヒンドゥーにおける三角形の象徴、「一なるもの」、そして、身体の七つのチャクラが解説されている。錬金術のプロセス、十牛図との比較もなされ、クンダリーニと錬金術は、ペアが「一なるもの」に合一していく、という方向性、終局における女性性（女性原理）の優越が共通点であるが、十牛図は男性が中心であり、「一なるもの」という極端は嫌う点が違っている、等が指摘されている。

第五章は「『内なる聖なるもの』——ユダヤ神秘主義の生命の樹」である。カバラの生命の樹の各結節点をめぐる運動が図解されている。生命の

樹（倒立像）の天に伸びた根から、幹、枝、果実へと四つの世界を下降する（顕在化する）経路が描かれている。世界創造時の神の光、永遠の光（Endless Light）が顕在化する十段階と三本の柱で示される三つの原理（女性、男性、両者のバランス）が描かれている。

第六章は「『間に働く聖なるもの』——錬金術の関係とユング派分析」である。カップルの間に作用するエロスの力、ヒンドゥー教や仏教のタントラ、クンダリーニ・ヨーガにおける男女の聖なる結合（divine union）が取り上げられている。イスラムから、ルミ（Rumi）の逸話、キリスト教からは、僧と尼、アベラールとエロイーズの物語、雅歌のエロティックな描写も紹介されている。そして錬金術のカップルの関係、その「間」に働く「聖なるもの」として、分析家と被分析者との「転移」が解説される。氏は分析を「相互的プロセス」とみなしており、無意識が顕在化する「場」に注目している。「第三のもの」としての聖なる闇の人物像、メルクリウスが、上方から見下ろす聖なるペアとして、「第四のもの」としても経験されねばならない。そして太陽が、より大きな「一なるもの（Oneness）」、達成の源泉、起源、目的として、上方から見守っている。

第七章は「外にある聖なるもの——自然、芸術、共時性」である。自然による体験の例として、19世紀インドのラーマクリシュナが6歳の時に自然にエクスタシーを感じたエピソードや、現代人の自然へのあこがれやエコロジー運動の展開が例示されている。

芸術では、音楽、ダンス、視覚芸術、文学が聖なるものとの出会いや専心（devotion）への窓口となりうる。ファン・コッホも取り上げられている。

共時的な出来事として、氏が見たマンダラ的なアリの巣の夢、そのメモをとっていた時のアリの行進の目撃、分析家宅でのアリの侵入、これら3回の遭遇体験や、氏が孤独や行きづまりを感じていた時に、成功者となった友人、威厳のある牡鹿と重ねて遭遇し、孤高の生き方を受け入れる気持ちになった出来事が綴られている。同じモチーフと二度出会うだけでは「共時性」と言うには足りない、三度は必要、としている点が興味深かった。

第八章は「科学はスピリチュアルな道になりうるのか？──ユングの内的な道」である。ニュートン、ケプラー、フェヒナー、ウィリアム・ジェイムズのように、かつては科学者が真摯な宗教者であり、錬金術や占星術の探求者でもあることは可能だった。しかし現代ではなかなか難しい。科学とスピリチュアルなものの探究を両立し、深め得た人物として、ユングとその仕事が紹介され、エゴ、ペルソナ、シャドウ、アニマ／アニムス、老賢者（男女）、マナ人格、といった諸元型を、生命の樹のセフィロトのように、ゆるやかな発達の経路とみなした説明もなされている。

　氏が学生時代に見た洪水の夢も紹介される。夢のなかで、洪水に巻き込まれた体験を両親に説明しに行くのだが、わかってもらえない。失望のあまり白衣を破き、床に投げ捨てると、両親は「ズボンも脱いだらどうだ」と言う夢である。氏はこの夢を、イノセントであること（白衣）や両親の方向性を放棄すべきことを示していると理解した。個人が自分の無意識に真摯に向き合うことは個性化のプロセスに欠かせない。「重要なのは、純粋で個人的な、無意識の体験なのだ」「その他の道はただの旅行にすぎない」と氏は強調している（p.168）。

　第九章は「複合タイプ──ヒンドゥー教とカトリックにおける諸段階」である。WABA の複数要素が複合された過程として、ヒンドゥーの悟りの段階とキリストの受難をなぞる十字架の道の留（stations）の進行、が解説される。ヒンドゥーでは、聖者との接触、神への信仰、万物の不完全性の認識、対立物への巻き込まれからの離脱、セルフの探索、セルフの理解、魂とセルフの同一性の理解、万物がセルフであることの理解、へと進んで行く。カトリックのロザリオによる十字架の道行きは、キリストの受難とマリアの生涯を追体験する行程を辿る。

　第十章は「複合タイプ──女性の秘儀」とされ、ユング派分析家キャサリン・ブラッドウェイとリンダ・フィアツ・デビッドによる、ポンペイ壁画のデュオニソスとアリアドネーのイニシエーション秘儀の研究を解説している。秘儀の一場面では鞭打れる女性も描かれているが、氏はこのイメージを、ライヒがマゾヒスティックな男性を叩いた場面と関係づけている。ライヒは、本人が求めていたのは叩かれることというよりも、刺激強

度であって、いわば死んだ状態にあった本人の情緒と身体を克服することが目的だったと考えた。氏は、現代の若者達がドラッグ等でどん底に落ちる体験は、底の面により叩かれることでもあることから、この秘儀の打擲との関係を示唆している。

第十一章は「近代女性のシャーマンへの道に向けたイニシエーション」である。シャーマンになる過程の解説の後、パシフィカ大学院修了生、リサ・スローン氏の博士論文より、シャーマンになるプロセスのスローン自身の体験が紹介される。シュピーゲルマンはシャーマンの治療と現代の短期療法の類似点を指摘している。

最後の「エピローグ」では、現代の事例研究において、相互性の記述はまだ不充分であること、セラピストが単独で事例を記述するさい、セラピストにとって都合のよい記述になりうる危うさが指摘されている。解決法の一つはセラピスト自身が辿った道程を記述し、報告することである。氏の著作 "The Tree of Life" はその好例である。クライエントから報告されたエキュメニカルな夢も取り上げられ、意義が検討される。

最後に、自身の夢とイマジネーションに登場した騎士の言葉「我々はみな、他者（the other）どこにいるのかを知る必要がある」に続けて、ルミの800年前の助言「自分自身の神話を展開せよ」は銘記すべきだ、と述べ、「これは、かつては偉大な神秘主義者がなしえたことだが、今はもっと『普通の』人にもできるのだ」（p.256）との激励で締めくくっている。

以上が "The Divine WABA" の概略であるが、おわかりのように、情報も内容も濃密で、読み応えのある本である。図式も概念も満載されているが、単なる情報の羅列やまとめではなく、氏自身の経験や思い、イマジネーションの描写が随所に書き留められており、それらが本全体に温かな血を通わせ、情報をつなぎ止め、リアリティを与えてくれている。氏の著作との関連も示されており、さながら氏の仕事のガイドマップにもなっている。

本書は心的生活の宗教的側面に焦点を当てた構成になっているが、氏の著作は大きく分けて、①自己開示と相互作用、②エキュメニカル・多宗教的な対話、③アクティブ・イマジネーション、といった領域にまたがって

いる。①に関しては、"Psychotherapy as a Mutual Process（相互プロセスとしての心理療法）" がアカデミックな論文も含め、年代順にまとめられた集大成であり、本書と対を成す本と言ってよかろう。②に関しては、本書のほかに、ユダヤ教、カトリック、プロテスタント、ヒンドゥー、イスラムに関する著作がある。比較的最近のもので、本書でも言及されているものに "Psychology and Religion at the Millennium and Beyond（Religion and Jungian Psychology）（心理学と宗教、ミレニアムを越えて——宗教とユング心理学）" がある。③は本書に登場する騎士の物語 "The Knight（騎士）"、"The Tree of Life（生命の木）" が代表的である。

　氏の仕事は和書として読めるものも多く、氏の夢や来歴など本書と重なる内容も収められている。『ユング心理学——東と西の出会い』『仏教とユング心理学』は本書とも関わりが深い内容である。河合隼雄との交流についても随所に登場するが、『臨床家 河合隼雄』に収められた講演録は感動的である。

文　献

河合隼雄・樋口和彦・小川捷之（編）（1984）．ユング心理学——東と西の出会い（第一回ユング心理学・国際シンポジウム）　新曜社

Regardie, I., Hyatt, C. S. & Spiegelman, J. M.（1986）. *Mysticism, Psychology and Oedipus*. Phoenix, AZ: New Falcon Publications.

Spiegelman, J. M.（1982）. *The Knight*. Phoenix, AZ: Falcon Press.

Spiegelman, J. M.（1984）. *The Quest: Further Adventures in the Unconscious*. Phoenix, AZ: New Falcon Publications.

Spiegelman, J. M.（1985）. *The Nymphomaniac: A Study in the Origins of a Passion of the Soul*. Phoenix, AZ: Falcon Press.

Spiegelman, J. M.（Ed.）（1987）. *Jungian Analysts: Their Vision and Vulnerabilities*. Phoenix, AZ: New Falcon Publications.

Spiegelman, J. M.（1988）. *Jungian Psychology and the Passions of the Soul*. Phoenix, AZ: New Falcon Publications.

Spiegelman, J. M.（1991）. *Reich, Jung, Regardie & Me: The Unhealed Healer*. Scottsdale, AZ: New Falcon Publications.

J. M. シュピーゲルマン（著）小川捷之（訳）（1992）．心理療法家の自己開示と傷つき——心理療法における相互的プロセス　山王出版

海外文献 193

Spiegelman, J. M.（1993）. *Judaism and Jungian Psychology*. Lanham, MD: University Press of America.

Spiegelman, J. M.（1993）. *The Tree of Life*. Scottsdale, AZ: New Falcon Publications.

J. M. シュピーゲルマン・河合隼雄（著）町沢静夫・森文彦（訳）（1994）. 能動的想像法――内なる魂との対話　創元社

Spiegelman, J. M.（Ed.）（1995）. *Catholicism and Jungian Psychology*. Tempe, AZ: New Falcon Publications.

Spiegelman, J. M.（Ed.）（1995）. *Protestantism and Jungian Psychology*. Tempe, AZ: New Falcon Publications.

Spiegelman, J. M.（1996）. *Psychotherapy as a Mutual Process*. Tempe, AZ: New Falcon Publications.

Spiegelman, J. M.（1997）. *Henry Miller, Rider Maggard and Me: Unpublished Writer*. Tempe, AZ: New Falcon Publications.

Spiegelman, J. M.（1999）. *Psychology and Religion at the Millennium and Beyond (Religion and Jungian Psychology Series)*. Tempe, AZ: New Falcon Publications.

Spiegelman, J. M.（2003）. *The Divine WABA (Within, Among, Between and Around): A Jungian Exploration of Spiritual Paths*. Berwick, ME: Nicolas Hays.

Spiegelman, J. M. & Jacobson, A.（Eds.）（1986）. *A Modern Jew in Search of a Soul*. Phoenix, AZ: New Falcon Publications.

Spiegelman, J. M., Khan, P. V. I. & Fernandez, T.（1991）. *Sufism Islam and Jungian Psychology*. Scottsdale, AZ: New Falcon Publications.

Spiegelman, J. M. & Miyuki, M.（1994）. *Buddhism and Jungian Psychology*. Tempe, AZ: New Falcon Publications.（森文彦（訳）（1990）. 仏教とユング心理学　春秋社）

Spiegelman, J. M. & Vasavada, A. U.（1987）. *Hinduism and Jungian Psychology*. Phoenix, AZ: New Falcon Publications.

Suzuki, D. T.（1960）. *The Manual of Zen Buddhism*. New York: Grove Press.

谷川俊太郎・鷲田清一・河合俊雄（編）（2009）. 臨床家 河合隼雄　岩波書店

日本ユング心理学会　機関誌投稿規定

2018 年 9 月 16 日改訂

日本ユング心理学会は，機関誌として『ユング心理学研究』と『臨床ユング心理学研究』の 2 種類を発行しています。これらの機関誌に研究論文の投稿を希望される方は，各機関誌の違いを考慮の上，以下の投稿規定にしたがって投稿してください。

Ⅰ　投稿資格
1．研究論文の投稿資格は，原則として，日本ユング心理学会正会員に限る。

Ⅱ　論文の内容と規定文字数
2．『ユング心理学研究』は市販される機関誌であり，理論研究，文献研究に基づく研究論文を中心に掲載する。臨床心理学・精神医学の領域に限らず，幅広い領域から，学際的な研究論文も受け入れる。

『臨床ユング心理学研究』は会員にのみ頒布される機関誌であり，臨床事例研究に基づく研究論文を中心に掲載する。

投稿の際は，いずれの機関誌に掲載を希望するか，原稿に明記すること。ただし，内容によっては，編集委員会の判断で，希望通りにならない場合もある。

3．論文の内容は未公刊のものに限り，分量は16,000字（40字×40行×10枚）を限度とする。図表類はその大きさを本文の分量に換算して，文字数に含めること。原稿の冒頭に，原稿の総文字数を記載すること。

Ⅲ　原稿作成に関する一般的注意
4．原稿のサイズはA 4 判とし，1 ページあたり40字×40行（1,600字）とすること。

5．原稿は横書きで，原則として常用漢字・新かなづかいを用い，数字は算用数字を用いること。

6．Th.，Cl.，SCなどの略語は原則として使用しないこと。ただし，記述が煩瑣になることを避けるために用いる場合などには，初出の際にその略語の意味を明示した上で使用すること。

Ⅳ　プライバシーへの配慮
7．臨床事例を用い，クライエントに関する情報を記載する場合には，記載する情報は最小限度とし，プライバシーに十分配慮すること。

Ⅴ　外国語の表記
8．外国の人名，地名などの固有名詞は，原則として原語を用いること。その他の外国語はなるべく訳語を用いるが，外国語を用いる場合は，初出の際，訳語に続けて（　）をつけて示すものとする。

Ⅵ　図表
9．図や表は，図 1，表 1 などと通し番号をつけ，それぞれに題と内容を記載すること。

Ⅶ　引用
10. 本文中に文献を引用した場合は，引用した箇所を「　」などでくくって明示すると同時に，著者名，刊行年，引用ページを記載すること。

    a）本文中に著者名を記載する場合。

        河合（1995）は，「○○○」（p.○）と述べている。

    b）引用の終わりに著者名を記載する場合。

        「○○○○○○」（河合，1995, pp.○−○）。

    c）翻訳書の場合は，原書の刊行年と翻訳書の刊行年を，"/"で併記する。

        本文中に記載：Jung（1935/1987）引用の終わりに記載：（Jung, 1935/1987）

    d）著者が 3 名以上いる場合は第 1 著者名のみを記し，第 2 著者以降は日本語文献では"他"，外国語文献では"et al."と略記する。

Ⅷ 引用文献

11. 引用文献は，本文の終わりに「文献」の見出しで，著者の姓のアルファベット順に一括して記載すること。

a）雑誌の場合：著者名，刊行年，論題，誌名，巻数，号数，掲載ページの順に記す。誌名は，日本語・外国語いずれの場合も，略称は用いない。

日本語例）横山博（1995）．ユング派の心理療法における転移／逆転移　精神療法，21（3），234-244.

外国語例）Giegerich, W.（1999）．The "patriarchal neglect of the feminine principle": A psychological fallacy in Jungian theory. *Harvest*, 45, 7-30.

b）単行本の場合：著者名，刊行年，書名，出版社の順に記す。外国語文献の場合は出版社の前に出版地も記載する。編集書の中の特定章の場合は，著者名に続けて，刊行年，章題，編者名，書名，掲載ページ，出版社の順に記す。

日本語例）赤坂憲雄（1985）．異人論序説　砂子屋書房

外国語例）Hillman, J.（1975）．*Re-Visioning Psychology*. New York: Harper & Row.

Bosnak, R.（1997）．*Christopher's Dreams: Dreaming and Living with AIDS*. New York: Bantam Dell Publishing Group.（岸本寛史（訳）（2003）．クリストファーの夢——生と死を見つめたHIV者の夢分析　創元社）

c）上記とは別に，ユング全集（ドイツ語版，英語版）からの引用については，引用箇所の末尾に，ページ数ではなくパラグラフ数を明記すること（Jung, *GW* 7, par.28　あるいは，Jung, *GW* 7, §28）。

Ⅸ 英文要約

12. 研究論文は，上記のほかに英文要約（100〜175語）と英文キーワード（3つ）を添えて投稿すること。

a）英文要約：ABSTRACTとして，英語の論題と氏名・所属に続けて記載すること。

b）英文キーワード：Key Words として，英文要約の下に記載すること。

c）英文要約の日本語訳（400〜450字）と英文キーワードの日本語訳も添えること。

d）英文は英語の専門家の校閲を経ていること。

Ⅹ 特別な費用が必要な場合

13. 論文の掲載に際して，印刷上，特別の費用を要する事情が生じた場合は，投稿者が負担するものとする。

Ⅺ 研究論文の著作権

14. 掲載された研究論文の著作権は日本ユング心理学会に帰属する。当該論文を他の出版物に転載する場合は，日本ユング心理学会の許可を得なければならない。

Ⅻ 投稿論文の提出

15. 投稿論文は，正本1部，副本（正本のコピー）2部の計3部にデータを添えて，下記宛に簡易書留もしくはそれに類する送付手段で提出すること。副本では，氏名・所属，謝辞などを削除すること。

日本ユング心理学会 編集委員会
〒541-0047　大阪市中央区淡路町4-3-6　株式会社 創元社内

16. 研究論文の再投稿は，審査結果の通知後1年を期限とする。1年を経過して再投稿された場合は，新規の研究論文として審査を行う。

『ユング心理学研究』バックナンバー
第1巻、第2巻のご購入については、下記までお問い合わせください。
一般社団法人日本ユング派分析家協会（AJAJ）事務局
E-mail:infoajaj@circus.ocn.ne.jp　Fax:075-253-6560

第1巻特別号……**日本における分析心理学**（2009年3月）

第2巻…………**ユングと曼荼羅**（2010年3月）

第3巻…………**魂と暴力**（2011年3月）

第4巻…………**昔話と日本社会**（2012年3月）

第5巻…………**心の古層と身体**（2013年3月）

第6巻…………**河合隼雄の事例を読む**（2014年3月）

第7巻第1号……**ユング派の精神療法**（2014年6月）

第7巻第2号……**日本文化とイメージの力**（2015年3月）

第8巻…………**世界における日本のユング心理学**（2016年9月）

第9巻…………**海の彼方より訪れしものたち**（2017年7月）

第10巻…………**占星術とユング心理学**（2018年3月）

シンポジウム
●基調講演「現代の占星術とユング心理学──古代の太陽神の再生をめぐって」　鏡リュウジ
●討論──基調講演を受けて　　　　　　　　　　指定討論者　川戸圓・田中康裕

講演録
●フィリップ・K・ディックと現代の意識　　　　　　　　　　　　　田中康裕
●心理療法の始まりについて　　　　　　　　　　　　　ジェイムズ・ヒルマン

論　文
研究論文
●南インドの床絵コーラムについての分析心理学的考察　　　　　　井上靖子
●元型的内容を《umschreiben》することの意味について
　　──「輪郭を示す」か「言い換える」か　　　　　　　　　　　入江良平
●「小栗判官」にみる英雄の墜落と変容──説経節の元型的世界　　森文彦

印象記
文献案内

日本ユング心理学会編集委員会
委員長：豊田園子
委　員：猪股剛・岩宮恵子・老松克博・河合俊雄・川嵜克哲・
　　　　岸本寛史・北口雄一・桑原知子・田中康裕・
　　　　名取琢自・山口素子

ユング心理学研究　第11巻
ユング心理学と子ども
2019年4月20日　第1版第1刷発行

編　者……日本ユング心理学会
発行者……矢部敬一
発行所……株式会社 創元社
https://www.sogensha.co.jp/
本社 〒541-0047 大阪市中央区淡路町4-3-6
Tel.06-6231-9010　Fax.06-6233-3111
東京支店 〒101-0051 東京都千代田区神田神保町1-2 田辺ビル
Tel.03-6811-0662
印刷所……株式会社 太洋社

©2019, Printed in Japan
ISBN978-4-422-11711-9 C3311

〈検印廃止〉

落丁・乱丁のときはお取り替えいたします。

[JCOPY] 〈出版者著作権管理機構 委託出版物〉
本書の無断複製は著作権法上での例外を除き禁じられています。
複製される場合は、そのつど事前に、出版者著作権管理機構
（電話03-5244-5088、FAX 03-5244-5089、e-mail: info@jcopy.or.jp）
の許諾を得てください。

本書の感想をお寄せください
投稿フォームはこちらから ▶▶▶

C.G. Jung　THE RED BOOK　LIBER NOVUS

赤の書 [テキスト版]

C・G・ユング[著]
ソヌ・シャムダサーニ[編]
河合俊雄[監訳]
河合俊雄・田中康裕・高月玲子・猪股剛[訳]
A5判・並製・688頁　定価（本体4,500円＋税）

オリジナル版『赤の書』からテキスト部分のみを取り出した普及版。シャムダサーニによる渾身の序論「新たなる書──C・G・ユングの『赤の書』」や詳細を極めた脚注など構成内容はそのままに、より読書に適した形に本文レイアウトを変更し、携帯可能なサイズにまとめた。元型、集合的無意識、個性化など、ユング心理学の最重要概念の萌芽が数多く提示され、ユング理解に欠かせない最重要テキストにじっくり向き合いたい読者にとって必須の一冊。

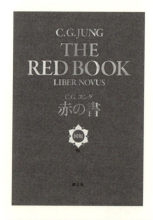

赤の書 [図版版]

C・G・ユング[著]
A5判・並製・224頁　定価（本体5,000円＋税）

「テキスト版」と同じハンディーなサイズ・仕様で、オリジナル版『赤の書』の図版のみをオールカラーで収録したコンパクト版。「テキスト版」とセットで、オリジナル版の内容全体をカバーする。